SPSS 7.5

POUR
WINDOWS 95/NT

G U I D E
d'autoformation

PRESSES DE L'UNIVERSITÉ DU QUÉBEC
2875, boul. Laurier, Sainte-Foy (Québec) G1V 2M3
Téléphone : (418) 657-4399
Télécopieur : (418) 657-2096
Catalogue sur Internet : http://www.uquebec.ca/puq

Distribution :

CANADA et autres pays
DISTRIBUTION DE LIVRES UNIVERS S.E.N.C.
845, rue Marie-Victorin, Saint-Nicolas (Québec) G7A 3S8
Téléphone : (418) 831-7474 / 1-800-859-7474
Télécopieur : (418) 831-4021

FRANCE
LIBRAIRIE DU QUÉBEC À PARIS
30, rue Gay-Lussac, 75005 Paris, France
Téléphone : 33 1 43 54 49 02
Télécopieur : 33 1 43 54 39 15

SUISSE
GM DIFFUSION SA
Rue d'Etraz 2, CH-1027, Lonay, Suisse
Téléphone : 021 803 26 26
Télécopieur : 021 803 26 29

SPSS 7.5

POUR

WINDOWS 95/NT

G U I D E
d'autoformation

MICHEL PLAISENT
PROSPER BERNARD
CATALDO ZUCCARO
EMMANUEL CHÉRON
PAUL BODSON
ÉRIC MORIN

BIBLIOTHÈQUE
AHUNTSIC
VILLE DE MONTRÉAL

RETIRÉ DE LA COLLECTION
DE LA
BIBLIOTHÈQUE DE LA VILLE DE MONTRÉAL

1998

Presses de l'Université du Québec
2875, boul. Laurier, Sainte-Foy (Québec) G1V 2M3

Données de catalogage avant publication (Canada)

Vedette principale au titre :

SPSS 7.5 pour Windows 95/NT : guide d'autoformation

ISBN 2-7605-0989-3

1. SPSS pour Windows. 2. Sciences sociales – Méthodes statistiques – Logiciels.
3. Statistique – Logiciels. I. Plaisent, Michel, 1947-   .

HA32.S673 1998   300'.285'5369   C97-941632-9

Les Presses de l'Université du Québec remercient le Conseil des arts du Canada
et le Programme d'aide au développement de l'industrie de l'édition du Patrimoine canadien
pour l'aide accordée à leur programme de publication.

Révision technique : MARTIN-CHARLES PILON

Révision linguistique : LE GRAPHE ENR.

Mise en pages : CARACTÉRA PRODUCTION GRAPHIQUE INC.

Conception graphique de la couverture : NORMAN DUPUIS

1 2 3 4 5 6 7 8 9 PUQ 1998 9 8 7 6 5 4 3 2 1

Dépôt légal – 1er trimestre 1998
Bibliothèque nationale du Québec / Bibliothèque nationale du Canada
Imprimé au Canada

Table des matières

1 Description de l'application

Le présent guide d'utilisation est destiné aux utilisateurs de SPSS qui commencent leur apprentissage. Ce document montre comment se servir du logiciel de statistiques en abordant les sujets suivants : l'accès aux principaux menus et icônes, les déplacements dans les différentes fenêtres, l'utilisation des principales commandes statistiques et la création de graphiques à partir des données existantes. Il est important de noter que ce guide ne porte pas sur l'interprétation des résultats statistiques.

Puisque cette application est destinée à l'environnement Windows, il est important que l'usager possède quelques notions de base de cet environnement graphique. Il existe plusieurs ouvrages qui en traitent ; les utilisateurs débutants devraient s'y reporter au besoin.

1.1. Exécution de *SPSS pour Windows*

L'exécution de SPSS 7.5 pour Windows 95 se fait en effectuant un clic sur **Démarrer** et ensuite sur **Programmes**. Après cette opération, vous n'avez qu'à choisir SPSS 7.5 for Windows parmi votre liste de fichiers. L'option du fichier SPSS 7.5 ressemble à ceci :

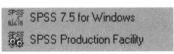

Fenêtre de SPSS pour Windows

Après le lancement de l'application, l'écran principal de *SPSS* pour Windows 95 apparaît. Il est semblable à ce qui suit.

Écran principal de SPSS pour Windows

N.B. : Si la fenêtre **SPSS SYNTAX EDITOR** n'est pas affichée à l'écran, vous devez modifier les préférences de *SPSS pour Windows* afin de l'afficher. Exécutez l'option **OPTIONS** du menu **EDIT**. Cochez la case **YES** dans la section **OPEN A SYNTAX WINDOW AT STARTUP**, puis cliquez sur le bouton **OK**. Pour que cette fenêtre s'affiche, vous devez redémarrer *SPSS pour Windows*. Pour ce faire, exécutez l'option **Exit SPSS** du menu **File**. Une fois revenu à Windows, exécutez de nouveau *SPSS pour Windows*. La fenêtre **SPSS Syntax Editor** est alors affichée.

1.2. Description des principales fenêtres

L'écran principal de *SPSS* pour Windows 95 est divisé en deux parties distinctes: la première contient la barre des menus ainsi que la barre des boutons de commande et la deuxième partie est la fenêtre principale de l'application.

La première partie de l'écran est probablement la plus importante, car c'est elle qui fait fonctionner le programme. C'est à partir de la barre des menus que l'on peut commander l'exécution des diverses commandes permettant de réaliser les statistiques dont l'usager a besoin. Les menus sont regroupés par catégories de fonction, c'est-à-dire que le menu **Statistics** ne contient pas les mêmes fonctions que le menu **Edit** ou **Data**. Il faut simplement utiliser son bon sens et savoir ce que l'on désire obtenir. Par exemple, pour créer un graphique, il faut aller dans le menu **Graphs**, puisque c'est ce dernier qui traite des graphiques. La barre des boutons n'est qu'un raccourci de la barre des menus. Elle ne contient que les commandes les plus fréquemment employées dans l'utilisation du logiciel.

La deuxième partie de l'écran sert au traitement des données.

1.3. Navigation à travers les menus et fenêtres

La navigation à travers les différents menus et les différentes fenêtres se fait à l'aide du clavier ou de la souris. L'utilisation de la souris est fortement recommandée, car elle permet d'aller directement à l'endroit désiré sans devoir enfoncer plusieurs touches du clavier pour arriver aux mêmes fins.

Pour accéder aux menus à l'aide de la souris, il suffit simplement de cliquer sur le menu désiré, et les commandes disponibles pour ce menu s'affichent. Il ne reste alors qu'à cliquer sur la commande désirée. Si une commande est affichée en gris pâle, cela indique que la commande n'est pas disponible. Par contre, si la commande est affichée en noir, c'est qu'on peut y avoir accès. Il peut arriver que certaines commandes à l'intérieur d'un menu contiennent des sous-commandes; si tel est le cas, le signe ▶ est affiché à la droite de la commande. Pour accéder à ces sous-commandes, il faut simplement cliquer sur la commande désirée pour que les sous-commandes de celle-ci s'affichent. Lorsque la souris n'est pas disponible, il est nécessaire de se servir du clavier.

Pour accéder aux différents menus à partir du clavier, il faut utiliser les touches [**Alt**] et la lettre du menu. La lettre du menu se distingue des autres par son soulignement. Par exemple, pour accéder au menu **U**TILITIES, on enfonce la touche [**Alt**], puis on appuie sur la lettre « **U** » pour que les commandes de ce menu s'affichent. Finalement, pour sélectionner la commande désirée, il suffit d'appuyer sur la lettre soulignée dans la commande désirée ou d'utiliser les flèches de directions [↓] et [↑] pour se déplacer sur la bonne commande, et d'appuyer sur la touche [**Entrée**] pour sélectionner la commande. On peut indifféremment utiliser une lettre majuscule ou minuscule.

Le principe est un peu différent en ce qui concerne les fenêtres. Plusieurs peuvent être affichées à l'écran. Peu importe le nombre de fenêtres, il ne peut y avoir plus d'une fenêtre active. Une fenêtre est dite active lorsque la barre contenant son titre est en couleurs : les lettres sont blanches sur fond coloré. Une fenêtre est dite inactive lorsque la barre contenant son titre est estompée : les lettres sont grisées.

📰 Output1 - SPSS Output Navigator	📰 Output1 - SPSS Output Navigator
Fenêtre active	*Fenêtre inactive*

Pour activer une fenêtre, il suffit de cliquer sur cette dernière. Si la souris n'est pas disponible, il faut sélectionner la fenêtre que l'on désire activer à partir du menu **W**INDOW. En fonction de la fenêtre qui est active, les menus ainsi que la barre d'icônes peuvent varier. Cette variation facilite le travail de l'usager, car les menus s'adaptent au contenu de la fenêtre. Si la fenêtre active est celle des données, les commandes disponibles ne sont pas les mêmes que pour une fenêtre qui contient un graphique.

1.4. Accès aux différents menus d'aide

SPSS pour Windows dispose d'une section d'aide très complète, à laquelle on accède en ouvrant le menu **H**ELP.

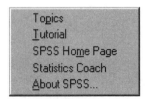

Fenêtre de l'aide

Dans le menu **HELP**, on trouve cinq options. **TOPICS** vous permet de faire des recherches pour lesquelles l'aide est nécessaire. **TUTORIAL** contient une aide plus précise sur des sujets donnés. **SPSS HOME PAGE** vous renvoie directement sur le site web de *SPSS*. En ce qui concerne **STATISTICS COACH**, cette option vous donne des exemples de calculs statistiques : il vous initie au monde des statistiques ! Enfin, **ABOUT SPSS** présente des informations relatives à votre version de *SPSS*. L'option la plus utilisée est **TOPICS**, à laquelle on accède par des mots clés. Cliquez sur cette option afin de l'activer et sélectionnez l'onglet Rechercher.

L'utilisation de l'écran est fort simple. Dans le rectangle du haut, il faut taper les premières lettres du thème pour lequel on désire avoir de l'aide. À chaque lettre qui est tapée, les thèmes se positionnent directement dans la deuxième case de la boîte de dialogue. Par exemple, pour avoir de l'aide sur les moyennes (*mean* en anglais), tapez les lettres « me ». Automatique-ment, une liste de choix est affichée.

Fenêtre de recherche de l'aide

Comme vous pouvez le constater, plusieurs choix traitant de la moyenne s'offrent à vous. Parcourez la liste des choix dans la case du centre de la boîte de dialogue et sélectionnez « **Mean** ». Vous remarquerez que les rubriques de la troisième case ont été modifiées. Pour afficher l'aide d'une rubrique, cliquez sur la rubrique désirée (située dans la troisième case de la boîte de dialogue au bas de l'écran), puis cliquez sur le bouton **AFFICHER**. Sélectionnez la rubrique **Means Options** à titre d'exemple, puis cliquez sur le bouton **AFFICHER**.

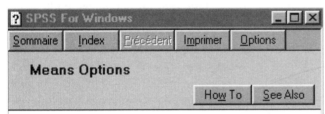

Means Options

How To   See Also

You can choose one or more of the following subgroup statistics for the variables within each category of each grouping variable: sum, number of cases, mean, median, grouped median, standard error of the mean, minimum, maximum, range, variable value of the first category of the grouping variable, variable value of the last category of the grouping variable, standard deviation, variance, kurtosis, standard error of kurtosis, skewness, standard error of skewness. You can change the order in which the subgroup statistics appear. The order the statistics appear in the Cell Statistics list is the order they are displayed in the output. Summary statistics are also displayed for each variable across all categories.

Click **ANOVA table and eta** to obtain a one-way analysis of variance, eta, and eta squared for each independent variable in the first layer. Eta and eta squared are measures of association. Eta squared is the proportion of variance in the dependent variable that is explained by differences among groups. It is the ratio of the between-groups sum of squares and the total sum of squares. **Tests for linearity** yields R and $R^{\wedge\wedge}2$, which are appropriate measures when the categories of the independent variable are ordered. R and $R^{\wedge\wedge}2$ measure the goodness of fit of a linear model.

? Click your right mouse button on any item in the dialog box for a description of the item.

Fenêtre de l'aide de la rubrique Means Options

L'aide sur le sujet s'affiche. Il est possible d'obtenir de l'aide supplémentaire en enfonçant le bouton droit de la souris sur différents thèmes de la boîte de dialogue. Pour revenir à un écran précédent, cliquez sur le bouton **PRÉCÉDENT**. Pour quitter l'aide, vous n'avez qu'à cliquer sur le **X** situé au haut à la droite de la boîte de dialogue. Pour savoir comment utiliser une commande, cliquez sur **HOW TO** et pour obtenir de l'aide sur des sujets semblables cliquez sur **SEE ALSO**.

Pour revenir à l'écran précédent, cliquez sur le bouton **PRÉCÉDENT**. Pour quitter l'aide, exécutez l'option **QUITTER** du menu **FICHIER**. Pour effectuer d'autres recherches sur d'autres mots clés, cliquez sur l'onglet **RECHERCHER**.

2 Saisie des données

Les données sont les éléments les plus importants dans un logiciel de statistiques. Sans les données, il est impossible d'effectuer les différentes opérations mathématiques et statistiques. Avec SPSS *pour Windows, il est possible d'introduire les données de deux façons différentes. La première façon consiste à saisir les données directement à partir de* SPSS *dans l'écran* DATA EDITOR. *La deuxième façon consiste à importer les données d'un autre logiciel, tel que* Lotus, Excel *et* dBase. *Il est également possible d'importer les données directement d'un fichier ASCII. L'importation à partir d'un fichier ASCII est surtout utilisée lorsque les données proviennent d'un ordinateur autre que ceux de la plate-forme IBM PC : les ordinateurs centraux de marque VAX et HP, par exemple. Pour chacune des méthodes de saisie de données mentionnées précédemment, les principales caractéristiques et conditions à respecter sont décrites dans les sections suivantes. Reportez-vous seulement à la section qui vous concerne. Dans tous les cas, ce sont les mêmes données qui seront intégrées dans* SPSS *pour* Windows, *mais de différentes façons.*

2.1. Ouverture d'un fichier de données en format *SPSS* déjà existant

Les données déjà saisies dans *SPSS* ou importées d'une autre application peuvent être récupérées afin de poursuivre le travail déjà entrepris. La procédure est assez simple à suivre. Pour récupérer un fichier de données *SPSS* déjà existant, cliquez sur le bouton d'ouverture de fichier ou exécutez l'option OPEN du menu FILE.

Fenêtre d'ouverture/importation d'un fichier de données

La première étape consiste à retrouver le fichier de données sur le disque rigide ou sur la disquette. Pour modifier le lecteur, cliquez sur la flèche du rectangle CHERCHER, puis sélectionnez le lecteur ainsi que le répertoire désirés. Une fois le lecteur et le répertoire sélectionnés correctement, il ne vous reste qu'à choisir le fichier désiré dans la fenêtre NOM. Cliquez sur le fichier, puis sur le bouton OUVRIR pour lancer le chargement des données dans *SPSS*. Une fois chargées, les données apparaissent dans la feuille de données.

2.2. Ouverture d'un fichier de commandes déjà existant

Les commandes déjà saisies dans *SPSS* peuvent être récupérées afin de poursuivre le travail déjà entrepris. La procédure est assez simple à suivre. Pour récupérer un fichier de commandes déjà existant, cliquez sur le bouton d'ouverture de fichier ou exécutez l'option **OPEN** du menu **FILE**. Ensuite, sélectionnez l'option **Syntax** (***.sps**) du rectangle **TYPE**.

Fenêtre d'ouverture d'un fichier de commandes

La première étape consiste à retrouver le fichier de commandes sur le disque rigide ou sur la disquette. Pour modifier le lecteur, cliquez sur la flèche du rectangle **CHERCHER**, puis sélectionnez le lecteur ainsi que le répertoire désirés. Une fois ces deux paramètres sélectionnés correctement, il ne vous reste qu'à sélectionner le fichier désiré dans la fenêtre **NOM**. Cliquez sur le fichier désiré, puis sur le bouton **OUVRIR** pour lancer le chargement des commandes dans *SPSS*. Une fois les données chargées, ces dernières s'affichent dans la fenêtre des commandes.

2.3. Saisie des données à partir de *SPSS*

Si les données n'ont pas été saisies, il est préférable de les saisir à partir de *SPSS pour Windows*. De cette manière, il ne risque pas d'y avoir d'erreurs de conversion ou d'importation. Les seules erreurs possibles sont des erreurs de saisie ou de conceptualisation de la part de l'usager. Lors de la saisie des données dans *SPSS*, il faut suivre deux étapes. La première étape consiste à définir les noms des variables, alors que la deuxième étape consiste à saisir les données. Il existe une troisième étape qui sera décrite en détail dans la section 2.5 « Modification des propriétés des variables ». Cette étape consiste à définir certaines caractéristiques qualificatives rattachées à chacune des variables (nom de la variable, valeur possible, « missing values », etc.). Pour ceux qui ont un peu plus d'expérience, la deuxième et la troisième étape peuvent être exécutées simultanément. La saisie des données se fait à partir de la fenêtre **DATA EDITOR**.

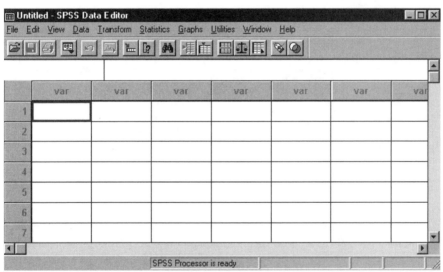

Fenêtre de saisie des données de **SPSS**

L'écran de saisie des données de *SPSS* est semblable à celui d'une application de chiffrier électronique (*Lotus* et *Excel*). Le principe de saisie des données est très simple : chaque colonne représente une variable et chaque ligne représente une observation. Les noms des variables sont placés sur la ligne horizontale du cadre, c'est-à-dire celle qui contient le mot « **var** ».

2.3.1. Saisie des noms des variables

La première étape consiste à définir les noms de chacune des variables. L'exemple proposé comporte sept variables. Pour donner un nom à une variable, il faut soit double-cliquer sur le titre de la colonne (« var ») soit cliquer sur le titre de la colonne (« var »), puis exécuter l'option DEFINE VARIABLE du menu DATA. Cette fenêtre sera expliquée en détail dans la section « Modification des propriétés des variables ».

Fenêtre de définition des variables

Le rectangle VARIABLE NAME sert à nommer la variable. Le nom de la variable ne doit pas excéder huit caractères et il est fortement recommandé de ne pas utiliser de caractères accentués. La première variable est l'âge du répondant. Elle porte le nom **age**. Dans le rectangle VARIABLE NAME, tapez **age** comme nom de la variable. Cliquez sur le bouton **OK** pour accepter le nom de la variable et pour retourner à la fenêtre des données. Le nom de la variable s'affiche sur la première ligne.

La deuxième variable est le sexe du répondant. Les valeurs qui seront saisies pour cette variable ne seront pas numériques, mais consisteront en des caractères alphabétiques : **H** pour homme ou **F** pour femme. Accédez à la fenêtre de définition des variables pour la variable **sexe**. Utilisez la deuxième colonne pour situer cette variable. Dans le rectangle VARIABLE NAME, tapez **sexe** comme nom de la variable. Il faut maintenant indiquer à *SPSS* que les données seront de type alphabétique. Cliquez sur le bouton TYPE pour modifier le type de données pour cette variable. Cette fenêtre sera expliquée en détail dans la section «Modification des propriétés des variables».

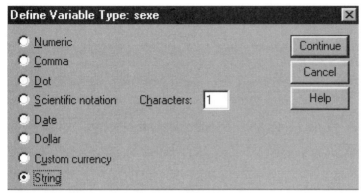

Fenêtre de sélection du type de variable

Pour assigner des caractères alphabétiques comme données d'une variable, il est nécessaire de sélectionner le type **STRING**. Une fois le type sélectionné, il faut cliquer sur le bouton **CONTINUE** pour revenir à la fenêtre de définition des variables. Cliquez sur le bouton **OK** pour accepter le nom de la variable et pour retourner à la fenêtre des données. Le nom de la variable **sexe** s'affiche sur la première ligne à la droite de la variable **age**.

Il reste maintenant cinq variables à saisir afin de compléter l'exemple. Saisissez les cinq dernières variables avec les noms et l'ordre de présentation suivants. Lorsque la saisie est terminée, passez à l'étape suivante, c'est-à-dire celle de la saisie des données des variables.

	age	sexe	salaire	statut	emploi	scolarit	ratio
1							

Variables à saisir pour la démonstration

2.3.2. Saisie des données

La deuxième étape consiste à saisir les données qui seront utilisées tout au long de ce guide. La saisie se fait comme dans une feuille de calculs. Chaque ligne correspond à une observation, tandis qu'une colonne correspond à une variable. Les touches de déplacement à l'intérieur de la fenêtre de saisie des données sont très simples. Pour passer d'une variable à une autre, utilisez la touche [**Tab**] ou [→] pour aller à la variable de droite, et [**Maj**]+[**Tab**] ou [**Maj**]+[←] pour aller à la variable de gauche. Pour aller à la ligne suivante ou au formulaire suivant, utilisez la touche [**Entrée**] ou [↓] et, pour aller à la ligne précédente ou au formulaire précédent, utilisez la touche [↑]. À titre d'exemple, saisissez les données suivantes.

	age	sexe	salaire	statut	emploi	scolarit	ratio
1	25	H	26500	1	3	2	3,4
2	29	H	27500	2	1	3	5,2
3	38	F	34000	2	2	4	6,5
4	24	H	28000	2	2	2	2,8
5	34	F	29800	1	1	3	6,2
6	31	F	49000	3	3	5	5,0
7	40	F	29550	2	3	4	6,2
8	33	H	37000	1	1	2	4,0
9	27	H	25000	1	2	1	5,0
10	41	F	24000	3	2	2	6,5
11	55	H	27500	2	3	2	6,1

Données à saisir à titre d'exemple

2.4. Importation des données à partir d'une autre application

Comme nous l'avons déjà mentionné, il est possible d'importer des données des autres applications, telles que *Lotus*, *Excel*, *dBase* et des fichiers de type ASCII. Dans tous les cas, la procédure est semblable. Seuls les fichiers de type ACSII demandent quelques étapes de plus pour l'importation. Pour importer un fichier dans *SPSS pour Windows*, il est nécessaire d'exécuter le menu F̲ILE, puis de sélectionner la commande O̲PEN.

Fenêtre d'ouverture/importation d'un fichier de données

La première étape consiste à sélectionner le bon lecteur de disque ainsi que le bon répertoire afin de retrouver votre fichier. Pour modifier le lecteur ou le répertoire, cliquez sur la flèche du rectangle **CHERCHER**, puis sélectionnez le lecteur ainsi que le répertoire désirés. Une fois ces deux paramètres sélectionnés, reportez-vous à la section correspondant au type de fichier pour les étapes suivantes.

2.4.1. Importation à partir de *Lotus*

Les données provenant de *Lotus* sont acceptées seulement si elles proviennent des versions 1A (WKS) ou 2.0 à 2.4 (WK1) ou 3.0 à 3.4 (WK3). Si le fichier de données provient d'une version ultérieure de *Lotus*, les données doivent être enregistrées au préalable dans l'un des formats mentionnés précédemment.

Les données doivent être saisies sous forme de tableau en colonnes, c'est-à-dire que chaque colonne correspond à une variable. Il faut respecter quelques règles de base en important les données à partir de *Lotus*. Ainsi, les noms des variables doivent être sur la première ligne (ligne 1); ils ne doivent pas excéder huit caractères. Si une variable a plus de huit caractères, *SPSS* ne gardera que les huit premiers; les suivants seront tout simplement ignorés. Il est préférable de ne pas utiliser de caractères accentués dans les noms des variables. Les données doivent débuter à partir de la deuxième ligne du chiffrier (ligne 2). Les données suivantes ont été saisies à partir de *Lotus 4.01 pour Windows*, et enregistrées dans le format WK1. Le nom du fichier de données est **DONNEES.WK1**.

A	A	B	C	D	E	F	G
1	age	sexe	salaire	statut	emploi	scolarit	ratio
2	25	H	26500	1	3	2	3.4
3	29	H	27500	2	1	3	5.2
4	38	F	34000	2	2	4	6.5
5	24	H	28000	2	2	2	2.8
6	34	F	29800	1	1	3	6.2
7	31	F	49000	3	3	5	5
8	40	F	· 29550	2	3	4	6.2
9	33	H	37000	1	1	2	4
10	27	H	25000	1	2	1	5
11	41	F	24000	3	2	2	6.5
12	55	H	27500	2	3	2	6.1

Données saisies à partir de **Lotus** *(DONNEES.WK1)*

Dans le rectangle **TYPE**, il faut d'abord sélectionner l'option **Lotus** (***.w***), afin d'indiquer à *SPSS* le type de fichier de données à importer. Ensuite, tous les fichiers ayant une extension de *Lotus* s'affichent dans la grande fenêtre du centre. La dernière étape consiste à sélectionner le fichier désiré en cliquant sur ce dernier. Pour lancer l'importation des données, cliquez sur le bouton **OUVRIR**.

2.4.2. Importation à partir de *Excel*

Les données provenant de *Excel* sont acceptées seulement si elles proviennent des versions 2.0 à 5.0 (XLS). Si le fichier de données provient d'une version ultérieure de *Excel*, les données doivent être enregistrées au préalable dans l'un des formats mentionnés précédemment.

Les données doivent être saisies sous forme de tableau en colonnes, c'est-à-dire que chaque colonne correspond à une variable. Il y a quelques règles de base à respecter en important les données à partir d'*Excel*. Les noms des variables doivent être sur la première ligne (ligne 1) et ils ne doivent pas excéder huit caractères. Si une variable a plus de huit caractères, *SPSS* ne gardera que les huit premiers, les suivants seront tout simplement ignorés. Il est préférable de ne pas utiliser de caractères accentués dans les noms des variables. Les données doivent débuter à partir de la deuxième ligne du chiffrier (ligne 2). Les données suivantes ont été saisies à partir de *Excel 5.0*, et enregistrées dans le format XLS. Le nom du fichier de données est **DONNEES.XLS**.

	A	B	C	D	E	F	G
1	age	sexe	salaire	statut	emploi	scolarit	ratio
2	25	H	26500	1	3	2	3,4
3	29	H	27500	2	1	3	5,2
4	38	F	34000	2	2	4	6,5
5	24	H	28000	2	2	2	2,8
6	34	F	29800	1	1	3	6,2
7	31	F	49000	3	3	5	5
8	40	F	29550	2	3	4	6,2
9	33	H	37000	1	1	2	4
10	27	H	25000	1	2	1	5
11	41	F	24000	3	2	2	6,5
12	55	H	27500	2	3	2	6,1

Données saisies à partir de **Excel** *(DONNEES.XLS)*

Dans le rectangle **Type**, il faut d'abord sélectionner l'option **Excel** (***.xls**) afin d'indiquer à *SPSS* le type de fichier de données à importer. Ensuite, tous les fichiers ayant une extension de *Excel* s'affichent dans la grande fenêtre du centre. La dernière étape consiste à sélectionner le fichier en cliquant sur ce dernier. Pour lancer l'importation des données, cliquez sur le bouton **Ouvrir**.

2.4.3. Importation à partir de *dBase*

Les données provenant de *dBase* sont acceptées seulement si elles proviennent des versions II ou III ou III+ ou IV. Si le fichier de données provient d'une version ultérieure de *dBase* (version pour Windows par exemple), les données doivent être enregistrées au préalable dans l'un des formats mentionnés précédemment.

L'importation à partir d'une base de données comme *dBase* est probablement la chose la plus simple, car dans la définition du fichier, les formats des variables sont déjà définis (entier et décimal). Tout comme dans l'importation à partir d'un chiffrier, les noms des variables ne doivent pas excéder huit caractères. Si une variable a plus de huit caractères, *SPSS* ne gardera que les huit premiers ; les suivants seront tout simplement ignorés. La structure du fichier de **DONNEES.DBF** est à la page suivante.

```
Structure for database : A:\DONNEES.DBF
Number of data records: 11
Date of last update   : 95.03.06
Field      FieldName  Type       Width    Dec    Index
   1       AGE        Numeric      2              N
   2       SEXE       Character    1              N
   3       SALAIRE    Numeric      5              N
   4       STATUT     Numeric      1              N
   5       EMPLOI     Numeric      1              N
   6       SCOLARIT   Numeric      1              N
   7       RATIO      Numeric      3       1      N
** Total **                      15
```

Structure du fichier de dBase *(DONNEES.DBF)*

Les données contenues dans le fichier **DONNEES.DBF** sont les suivantes :

Record#	AGE	SEXE	SALAIRE	STATUT	EMPLOI	SCOLARIT	RATIO
1	25	H	26500	1	3	2	3.4
2	29	H	27500	2	1	3	5.2
3	38	F	34000	2	2	4	6.5
4	24	H	28000	2	2	2	2.8
5	34	F	29800	1	1	3	6.2
6	31	F	49000	3	3	5	5.0
7	40	F	29550	2	3	4	6.2
8	33	H	37000	1	1	2	4.0
9	27	H	25000	1	2	1	5.0
10	41	F	24000	3	2	2	6.5
11	55	H	27500	2	3	2	6.1

Données saisies à partir de dBase *(DONNEES.DBF)*

Dans le rectangle **T**YPE, il faut d'abord sélectionner l'option **dBASE** (***.DBF**) afin d'indiquer à *SPSS* le type de fichier de données à importer. Ensuite, tous les fichiers ayant une extension de *dBase* s'affichent dans la grande fenêtre du centre. La dernière étape consiste à sélectionner le fichier désiré en cliquant sur ce dernier. Pour lancer l'importation des données, cliquez sur le bouton **O**UVRIR.

2.4.4. Importation à partir d'un fichier ASCII

Les données provenant d'un fichier ASCII sont acceptées si les données des variables sont séparées par un tabulateur, touche [**Tab**] du clavier. Les données peuvent être saisies à partir de n'importe quel éditeur de texte ASCII dans l'environnement DOS ou Windows. La touche [**Tab**] doit obligatoirement être utilisée pour séparer les données d'une même ligne. Il est fortement recommandé de donner l'extension .**DAT** au fichier de données.

Il existe également un autre format ASCII qui est supporté par *SPSS pour Windows* : la colonne fixe. Ce type de fichier ne sera pas décrit dans le présent guide, car le niveau de difficulté pour exécuter cette opération complexe est beaucoup plus élevé. Il est cependant possible de convertir un fichier ASCII en colonne fixe en un fichier ASCII avec délimiteur. Cette opération peut être réalisée à partir d'un logiciel de chiffrier électronique (*Lotus* ou *Excel*) ou d'un logiciel de traitement de textes (*WordPerfect* ou *Word*). Pour de plus amples détails sur cette conversion, consultez les manuels de *SPSS pour Windows* ou adressez-vous à une personne-ressource capable d'effectuer cette conversion.

Les données doivent être saisies sous forme de tableau en colonnes, c'est-à-dire que chaque colonne correspond à une variable. Il y a quelques règles de base à respecter en important les données à partir d'un fichier ASCII. Les noms des variables doivent être sur la première ligne et ils ne doivent pas excéder huit caractères. Si une variable a plus de huit caractères, *SPSS* ne gardera que les huit premiers ; les suivants seront tout simplement ignorés. Il est préférable de ne pas utiliser de caractères accentués dans les noms des variables. Les données doivent débuter à partir de la deuxième ligne du fichier ASCII. Les données suivantes ont été saisies à partir d'un éditeur de texte ASCII dans l'environnement Windows. Le nom du fichier de données est **DONNEES.DAT**.

age	sexe	salaire	statut	emploi	scolarit	ratio
25	H	26500	1	3	2	3,4
29	H	27500	2	1	3	5,2
38	F	34000	2	2	4	6,5
24	H	28000	2	2	2	2,8
34	F	29800	1	1	3	6,2
31	F	49000	3	3	5	5
40	F	29550	2	3	4	6,2
33	H	37000	1	1	2	4
27	H	25000	1	2	1	5
41	F	24000	3	2	2	6,5
55	H	27500	2	3	2	6,1

Données saisies à partir d'un fichier ASCII

Dans le rectangle **T̲YPE**, il faut d'abord sélectionner l'option **Tab-delimites (*.dat)** afin d'indiquer à *SPSS* le type de fichier de données à importer. Ensuite, tous les fichiers ayant une extension **.DAT** s'affichent dans la grande fenêtre du centre. La dernière étape consiste à sélectionner dans la fenêtre le fichier désiré en cliquant sur ce dernier. Pour lancer l'importation des données, cliquez sur le bouton **O̲UVRIR**.

2.5. Modification des propriétés des variables

Cette étape est très importante, car c'est ici qu'on assigne aux variables leurs titres et leurs formats. La première variable dont les propriétés doivent être modifiées est la variable **sexe**. Pour activer la fenêtre des propriétés de la variable **sexe**, double-cliquez sur son nom. Une autre façon consiste à cliquer sur le nom de la variable, puis à exécuter l'option **D̲EFINE VARIABLE** du menu **D̲ATA**. La fenêtre suivante apparaît alors à l'écran.

Fenêtre des propriétés de la variable age

La fenêtre se divise en trois parties. La première partie contient le nom de la variable, ici **sexe**. La deuxième partie contient la description de la variable. C'est un résumé des différentes caractéristiques[1] de la variable **sexe**. La troisième partie contient les boutons permettant de modifier les caractéristiques de la variable **sexe**.

---

1. En fonction de la provenance des données (importation de *Lotus* ou *dBase* par exemple), il peut arriver que les caractéristiques soient différentes.

Fenêtre du bouton TYPE...

Le bouton **TYPE** permet de modifier le type de données de la variable, c'est-à-dire le genre de données qui seront assignées à la variable (numérique, alphabétique, financière, de datation, etc.) ainsi que le format des variables et le nombre de décimales lorsqu'il s'agit d'un type numérique. Pour modifier le type de données d'une variable, cliquez sur le type désiré. Pour modifier le format ainsi que le nombre de décimales, cliquez dans les rectangles respectifs, puis modifiez la valeur.

Fenêtre du bouton LABELS...

Le bouton **LABELS** permet de donner un titre plus illustratif à la variable. Ce titre sera affiché dans les différents calculs statistiques (tableaux croisés, par exemple). Il est également possible d'associer des libellés à certaines valeurs. Par exemple, à la case **VARIABLE LABEL** inscrivez « Sexe du répondant». Également, associez à la valeur *H* le libellé *Homme* et à la valeur *F* le libellé *Femme*. La valeur est placée dans le rectangle **VALUE** et le libellé correspondant est inscrit dans le rectangle **VALUE LABEL**. Lorsqu'une donnée est juste, il est nécessaire de cliquer sur le bouton **ADD** pour accepter les données. Pour modifier un libellé déjà saisi, cliquez sur ce dernier, puis sur le bouton **CHANGE**. Pour supprimer un libellé ainsi que sa valeur, cliquez sur ce dernier libellé, puis sur le bouton **REMOVE**.

Fenêtre du bouton **MISSING VALUES...**

Le bouton **MISSING VALUES** permet d'indiquer les valeurs de la variable qui seront considérées comme des « missing values ». Les « missing values » sont des valeurs qui sont ignorées dans le traitement des statistiques ainsi que des graphiques. La plupart du temps, le nombre de « missing values » est indiqué à la suite de l'exécution d'une procédure statistique. Pour définir des « missing values », cliquez sur la catégorie désirée, puis saisissez les valeurs dans chacun des rectangles.

Fenêtre du bouton **COLUMN FORMAT...**

Le bouton **COLUMN FORMAT** permet de déterminer la largeur de la colonne, de même que l'alignement des données à l'intérieur des cellules. Pour modifier la largeur d'une colonne, cliquez dans le rectangle **COLUMN WIDTH**, puis saisissez la nouvelle valeur. Finalement, pour modifier l'alignement du texte, cliquez sur l'une des trois dispositions disponibles.

Les propriétés de chacune des six variables doivent être modifiées afin de les rendre plus visibles dans la feuille de données et d'en optimiser l'espace. L'insertion des titres ainsi que des libellés pour certaines valeurs de certaines variables permettra de rendre les résultats des calculs statistiques beaucoup plus lisibles. Pour chacune des sept variables, faites la saisie de chacune des caractéristiques indiquées aux quatre tableaux suivants. Afin de faciliter la compréhension des différentes caractéristiques à saisir, ces dernières sont disposées sous forme de tableau. Il est important de noter qu'il n'y a pas de « missing values ».

Type...			
Nom variable	*Type de données*	*Width*	*Decimal Places*
âge	Numeric	6	2
sexe	String	1	
salaire	Numeric	5	0
statut	Numeric	1	0
emploi	Numeric	1	0
scolarit	Numeric	1	0
ratio	Numeric	3	1

Labels..			
Nom variable	*Variable Label*	*Value*	*Value Label*
age	Age du répondant		
sexe	Sexe du répondant	H F	Homme Femme
salaire	Salaire annuel brut du répondant		

Labels.. *(suite)*			
Nom variable	*Variable Label*	*Value*	*Value Label*
statut	Statut social du répondant	1 2 3	Marié(e) Célibataire Divorcé(e)
emploi	Emploi du répondant	1 2 3	Col blanc Col bleu Autre
scolarit	Niveau de scolarité du répondant	1 2 3 4 5	Secondaire Collégial Universitaire 1er cycle Universitaire 2e cycle Universitaire 3e cycle
ratio	Ratio d'investissement du répondant		

Column Format...		
Nom variable	*Column Width*	*Text Alignment*
age	3	Right
sexe	4	Center
salaire	5	Right
statut	4	Center
emploi	5	Center
scolarit	5	Center
ratio	4	Right

2.6. Regroupement des valeurs d'une variable

Dans certains cas, pour les besoins d'une analyse, il sera nécessaire de regrouper les valeurs d'une variable. Par exemple, vous pouvez regrouper les valeurs de la variable **age** de sorte que vous obtiendrez des groupes d'âge (11 à 20 ans, 21 à 30 ans, etc.). Vous pouvez également regrouper les valeurs du salaire. Ces regroupements sont très utilisés, notamment pour les tests du chi carré.

Le résultat du regroupement des valeurs d'une variable située dans une colonne peut être inscrit dans la même colonne ou dans une nouvelle colonne. Le deuxième choix est le plus sûr, car les données originales ne sont pas modifiées. Si vous décidez de modifier les catégories, les données originales sont toujours disponibles, car elles demeurent inchangées dans la colonne initiale, tandis que dans le premier choix les données originales sont remplacées par les données du regroupement !

2.6.1. Regroupement des valeurs de la variable age

Vous allez regrouper les données de la colonne **age** selon les catégories du tableau ci-dessous.

Catégories d'âge	Valeurs correspondantes
Inférieur à 21 ans	1
Entre 21 et 30 ans	2
Entre 31 et 40 ans	3
Entre 41 et 50 ans	4
Entre 51 et 60 ans	5
Supérieur à 60 ans	6

La nouvelle colonne de la variable regroupée contient les six catégories de la variable **age**. Cette nouvelle variable portera le nom **grp_age**. Exécutez l'option **RECODE** du menu **TRANSFORM**. Parmi les deux options disponibles, sélectionnez l'option **INTO DIFFERENT VARIABLES**.

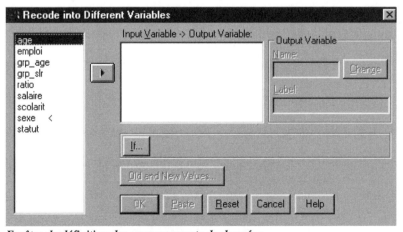

Fenêtre de définition des regroupements de données

Dans cette fenêtre vous sélectionnez la variable qui fera l'objet du regroupement et vous définissez la nouvelle variable qui contiendra les valeurs du regroupement.

La première étape consiste à définir la variable à regrouper et la nouvelle variable qui contiendra le regroupement. Le regroupement se fait selon l'âge du répondant. Cliquez sur la variable **age**, puis sur le bouton **>** pour déplacer la variable dans la section **INPUT VARIABLE -> OUTPUT VARIABLE**.

Dans la section **OUTPUT VARIABLE**, vous définissez le nom et le titre de la nouvelle variable. Dans le rectangle **NAME**, tapez le nom **grp_age** comme nom de la nouvelle variable. Dans le rectangle **LABEL**, tapez la description suivante : **Groupe des âges**. Cliquez sur le bouton **CHANGE** pour rendre active la nouvelle variable.

La dernière étape consiste à définir les regroupements. Cliquez sur le bouton **OLD AND NEW VALUES** pour accéder à la fenêtre de définition des regroupements.

Fenêtre de définition des regroupements

La fenêtre se divise en trois grandes parties. La première partie (**OLD VALUE**) sert à sélectionner l'étendue des anciennes valeurs, la seconde partie (**NEW VALUE**) permet de définir la nouvelle valeur correspondant au regroupement, tandis que la dernière partie (**OLD -> NEW**) affiche les anciennes valeurs et leurs nouvelles correspondances.

Le premier regroupement contient tous les âges qui sont inférieurs à 21 ans. Pour définir ce regroupement, cliquez sur **RANGE (LOWEST THROUGH)**. Dans le rectangle correspondant à ce choix, tapez la valeur **21**. D'après notre tableau, ce regroupement correspond à la valeur 1 pour la nouvelle variable. Dans le rectangle **NEW VALUE**, vis-à-vis de **VALUE**, tapez le chiffre **1**. Cliquez ensuite sur le bouton **ADD** pour accepter cette nouvelle valeur.

Les quatre prochains regroupements se font de la même manière : il s'agit d'un regroupement entre deux valeurs. Pour le premier regroupement, il faut donner la valeur 2 à tous les répondants âgés de 21 à 30 ans. Pour définir ce regroupement entre deux valeurs, cliquez sur **RANGE (THROUGH)**. Dans le premier rectangle (gauche), il faut saisir la valeur inférieure et dans le dernier rectangle (droite), il faut saisir la valeur supérieure. Dans le premier rectangle, tapez la valeur **21**, et dans le dernier rectangle, tapez la valeur **30**. Cette étendue correspond à la valeur 2. Dans le rectangle **NEW VALUE**, vis-à-vis de **VALUE**, tapez le chiffre **2**. Ensuite, cliquez sur le bouton **ADD** pour accepter cette nouvelle valeur. Pour les trois prochaines étendues (31-40 ans, 41-50 ans, 51-60 ans), suivez exactement les étapes mentionnées ci-dessus.

Le dernier regroupement contient tous les âges qui sont supérieurs à 60 ans. Pour définir ce regroupement, cliquez sur **RANGE (THROUGH HIGHEST)**. Dans le rectangle correspondant à ce choix, tapez la valeur **60**. D'après notre tableau, ce regroupement correspond à la valeur 6 pour la nouvelle variable. Dans le rectangle **NEW VALUE**, vis-à-vis de **VALUE**, tapez le chiffre **6**. Ensuite, cliquez sur le bouton **ADD** pour accepter cette nouvelle valeur.

Une fois toutes les valeurs définies, cliquez sur le bouton **CONTINUE** pour accepter les données et pour revenir à la fenêtre précédente. Cliquez maintenant sur le bouton **OK** pour revenir à la fenêtre des données et lancer le calcul de la nouvelle colonne de données (**grp_age**).

2.6.2. Regroupement des valeurs de la variable salaire

Vous allez regrouper les données de la colonne **salaire** selon les catégories du tableau de la page suivante.

Catégories des salaires	Valeurs correspondantes
Inférieur 15 000 $	1
Entre 15 001 $ et 20 000 $	2
Entre 20 001 $ et 25 000 $	3
Entre 25 001 $ et 30 000 $	4
Entre 30 001 $ et 40 000 $	5
Supérieur à 40 000 $	6

La nouvelle colonne de données contient le regroupement des données de la variable **salaire**. Cette variable portera le nom **grp_slr**. Sa description est **Groupe des salaires**. Vous allez créer cette nouvelle variable avec les données du tableau illustré ci-dessus. Si vous éprouvez des difficultés à créer ce regroupement, reportez-vous à la section précédente, car la démarche est exactement la même. Lorsque vous entrerez dans la section de définition de la nouvelle variable, cliquez sur le bouton **RESET** afin de vider le contenu de l'ancienne variable. Vous devriez obtenir comme résultat final la fenêtre de regroupement suivante :

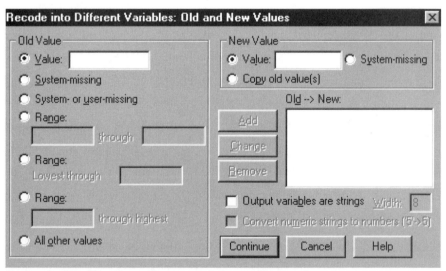

Fenêtre de définition des regroupements de la variable grp_slr

2.7. Enregistrement des données

Une fois la saisie des données terminée, il est toujours recommandé d'enregistrer les données sur disque afin de pouvoir les réutiliser par la suite. Pour enregistrer les données, cliquez sur le bouton d'enregistrement ou bien exécutez l'option SAVE AS du menu FILE.

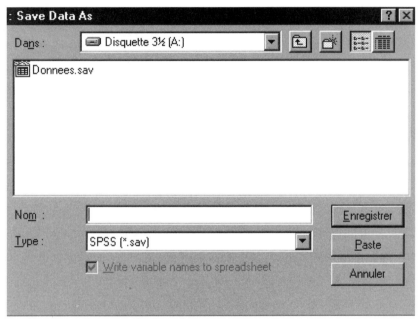

Fenêtre d'enregistrement des données

Cliquez sur le bouton du rectangle DANS afin de sélectionner le lecteur sur lequel les données doivent être enregistrées. Par la suite, cliquez sur le répertoire désiré s'il y a lieu. Dans la fenêtre NOM, saisissez **DONNEES.SAV** comme nom pour le fichier de données. Pour enregistrer les données, il suffit de cliquer sur le bouton ENREGISTRER.

2.8. Enregistrement des commandes

Il est toujours conseillé d'enregistrer les commandes sur disque afin de pouvoir les réutiliser par la suite. Pour enregistrer les commandes, activez la fenêtre des commandes, puis cliquez sur le bouton d'enregistrement ou exécutez l'option SAVE AS du menu FILE.

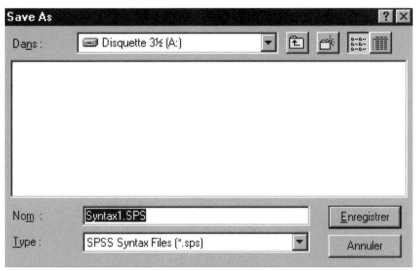

Fenêtre d'enregistrement des commandes

Cliquez sur le bouton du rectangle **DANS** afin de sélectionner le lecteur sur lequel les données doivent être enregistrées. Par la suite, cliquez sur le répertoire désiré s'il y a lieu. Dans la fenêtre **NOM**, saisissez le nom pour le fichier de commandes. Pour enregistrer les commandes, il suffit de cliquer sur le bouton **ENREGISTRER**.

2.9. Impression des données

Les données des variables peuvent être imprimées afin d'en faciliter la vérification. Il est très simple d'imprimer la fenêtre de la feuille des données. Lorsque cette fenêtre est active, cliquez sur le bouton d'impression ou exécutez l'option **PRINT** du menu **FILE**.

Fenêtre d'impression de la feuille de données

Il vous est possible d'imprimer toutes les données ou seulement une partie de vos données. En choisissant l'option **ALL**, toutes les données seront imprimées. En choisissant **SELECTION**, seulement les données ayant été sélectionnées (encadrées en noir dans la feuille de données) seront imprimées. Pour imprimer plusieurs exemplaires des données, cliquez dans le rectangle **COPIES** et saisissez le nombre d'exemplaires désirés. Si votre ordinateur dispose de plusieurs imprimantes, cliquez sur le bouton **SETUP** pour sélectionner l'imprimante utilisée. Pour lancer l'impression, cliquez sur le bouton **OK**.

3 Réalisation des calculs statistiques

Dans cette section, seuls quelques calculs statistiques seront réalisés, afin d'illustrer la technique à utiliser. Il en est de même pour la création des graphiques.

3.1. Exécution des statistiques à partir d'un fichier de commandes

L'exécution des statistiques à partir d'un fichier de commandes se fait en deux étapes. La première étape consiste à positionner le curseur sur la première commande à exécuter. La deuxième étape consiste à lancer l'exécution du traitement. Les calculs débutent à partir de la ligne pointée par le curseur et se terminent à la dernière ligne de commande. Les résultats s'affichent dans la fenêtre **SPSS OUTPUT NAVIGATOR**. Pour lancer l'exécution, cliquez sur le bouton « Play » (ce bouton est identique à celui des lecteurs de disque compact).

3.2. Statistiques sous forme de tableaux

À titre d'exemple seulement, quelques calculs statistiques seront présentés. Pour chacun d'eux, la majorité des possibilités offertes seront expliquées en détail. Pour chacun des calculs statistiques réalisés par *SPSS pour Windows*, les menus, les fenêtres ainsi que les options disponibles peuvent varier grandement. Il est donc important de bien comprendre le principe et la démarche à suivre pour réaliser des calculs statistiques avec *SPSS*. Les résultats présentés résultent de données fictives, et ce guide ne vise pas à interpréter les calculs statistiques. Tous les calculs statistiques effectués dans cette section le sont à partir du menu **STATISTICS**.

3.2.1. Calcul d'un tableau croisé « Crosstabs »

Le premier calcul consiste à créer un tableau croisé en utilisant deux variables. Le tableau croisé affichera le résultat de la variable **emploi** par rapport à la variable **scolarit**. Cliquez sur le menu **STATISTICS**, puis cliquez sur la commande **SUMMARIZE**. Ensuite, sélectionnez la sous-commande **CROSSTABS**. La fenêtre de définition apparaît.

La première étape consiste à choisir la ou les variables qui seront disposées en lignes et en colonnes. Cliquez sur la variable **emploi** afin de la sélectionner. Cette variable sera disposée en lignes. Cliquez sur le bouton de la flèche pointant vers la droite. Ce bouton est à la droite du rectangle **ROW(S)**. Faites la même chose pour la variable **scolarit**, mais cette fois pour le rectangle **COLUMN(S)**. Une fois les variables sélectionnées, il vous est possible d'ajouter des statistiques supplémentaires aux tableaux croisés. Pour accéder à ces statistiques, cliquez sur le bouton **STATISTICS**.

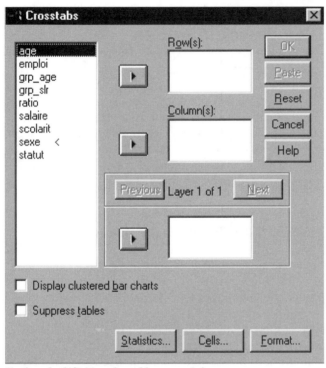

Fenêtre de définition des tableaux croisés

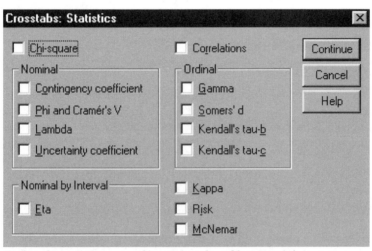

Fenêtre des statistiques supplémentaires des tableaux croisés

Cette fenêtre affiche tous les calculs statistiques qui peuvent être ajoutés à un tableau croisé. Pour sélectionner un calcul particulier, il suffit simplement de cliquer dans le carré correspondant au calcul désiré. À titre d'exemple, activez le calcul des statistiques suivantes : LAMBDA, GAMMA, CHI-SQUARE et KAPPA. Pour fermer cette fenêtre, cliquez sur le bouton CONTINUE. Il est important de noter que, dans cet exemple utilisant des données fictives, les résultats obtenus par ces différents calculs statistiques ne sont pas interprétables.

Une fois revenu à la fenêtre de définition de tableaux croisés, cliquez sur le bouton **OK** afin de lancer l'exécution du tableau croisé. Les résultats apparaissent dans une nouvelle fenêtre nommée **SPSS OUTPUT NAVIGATOR**. Voici ce qui devrait maintenant être affiché à votre écran.

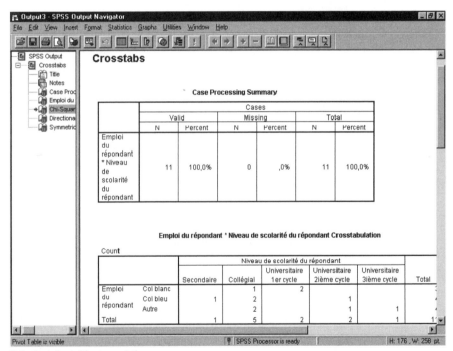

Résultat du tableau croisé

Les résultats ne sont pas très visibles à l'intérieur de cette petite fenêtre. Cependant, en agrandissant la fenêtre au maximum, la vue d'ensemble des résultats est beaucoup plus appréciable. Si les résultats ne peuvent être affichés dans une seule et même fenêtre, utilisez l'ascenseur (à la droite et en bas de la fenêtre) pour vous déplacer. Afin de vérifier vos résultats, reportez-vous aux résultats de la page suivante.

EMPLOI	Emploi du répondant by SCOLARIT				Niveau de scolarité du répondant		
	SCOLARIT					Page 1 of 1	
Emploi	Count	Secondaire 1	Collégial 2	Universitaire 1e 3	Universitaire 2i 4	Universitaire 3i 5	Row Total
Col blanc	1		1	2			3 27,3
Col bleu	2	1	2		1		4 36,4
Autre	3		2		1	1	4 36,4
	Column Total	1 9,1	5 45,5	2 18,2	2 18,2	1 9,1	11 100,0

Chi-Square	Value	DF	Significance
Pearson	9,71667	8	,28548
Likelihood Ratio	10,65952	8	,22175
Mantel-Haenszel test for linear association	,52716	1	,46780

Minimum Expected Frequency – ,273

Cells with Expected Frequency < 5 – 15 OF 15 (100,0 %)

Approximate Statistic	Value	ASE1	Val/ASE0	Significance
Lambda :				
symmetric	,30769	,19536	1,36833	
with EMPLOI dependent	,42857	,18704	2,03101	
with SCHOLARIT dependent	,16667	,26352	0,58630	
Goodman & Kruskal Tau : with EMPLOI dependent	,42250	,03628	,03628	,30979 *2
with SCHOLARIT dependent	,18992	,11733		,47380 *2
Gamma	,16128	,32127	,49774	

Gamma
*2 Based on chi-square approximation
Number of Missing Observations : 0

3.2.2. Calcul d'un tableau de fréquences

Pour retourner au tableau de données, réduisez la fenêtre en cliquant sur en haut à la droite de l'écran.

Le second calcul consiste à créer un tableau de fréquences en utilisant deux variables. Le tableau de fréquences affichera le résultat de la variable **sexe** par rapport à la variable **emploi**. Cliquez sur le menu **STATISTICS**, puis cliquez sur la commande **CUSTOM TABLES**. Ensuite, sélectionnez la sous-commande **TABLES OF FREQUENCIES**. La fenêtre de définition suivante apparaît.

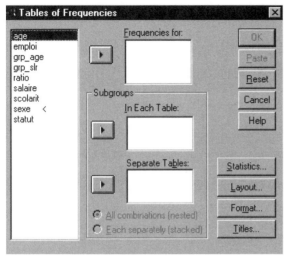

Fenêtre de définition d'un tableau de fréquences

　　　　Pour activer ou désactiver une variable, la technique est exactement la même que pour les tableaux croisés. Pour obtenir un tableau de fréquences de l'emploi par rapport au sexe du répondant il est nécessaire de sélectionner ces deux dernières variables. Cliquez sur la variable **sexe** et déplacez-la dans le rectangle **FREQUENCIES FOR**. Comme variable de sous-groupes, déplacez la variable **emploi** dans le rectangle de **IN EACH TABLE**. Tout comme dans les tableaux croisés, il est possible d'ajouter des statistiques supplémentaires au tableau de fréquences en cliquant sur le bouton **STATISTICS**.

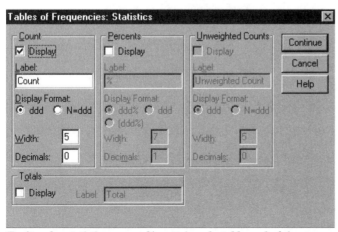

Fenêtre des statistiques supplémentaires du tableau de fréquences

Cette fenêtre est différente de celle des tableaux croisés. Elle se divise en quatre sections. La première section contient les caractéristiques du compteur ; la deuxième section fournit les caractéristiques des pourcentages ; la troisième donne les caractéristiques du total de la variable sans pondération ; finalement, la quatrième section porte sur le total. Présentement seul le calcul du nombre de répondants par catégorie est activé. Le titre qui sera affiché est « **Count** ». Remplacez ce titre par « **Total** ». Cliquez dans le rectangle de <u>L</u>abel, supprimez le titre existant, puis saisissez le nouveau titre. Changez le format d'affichage de **ddd** en cliquant sur **N=ddd** sous la rubrique **D**ISPLAY **F**ORMAT. Vous activerez le calcul du pourcentage en cliquant sur l'option **Display** de la section **P**ERCENTS. Changez le titre « **%** » pour « **Pourcentage** ». Enfin, activez le calcul du total en cliquant sur l'option **D**ISPLAY de la section **T**OTALS. Lorsque toutes les modifications ont été réalisées, cliquez sur le bouton **C**ONTINUE pour les accepter. Vous pouvez essayer d'autres combinaisons…

Les boutons **L**AYOUT et **F**ORMAT ne seront pas expliqués, car leur utilisation est vraiment très simple. Vous pouvez y accéder afin de prendre connaissance des possibilités de ces deux options. La fenêtre de **L**AYOUT contient les caractéristiques d'affichage du tableau de fréquences (la position des variables et l'ordre d'affichage), tandis que le bouton **F**ORMAT contient les caractéristiques de mise en page du tableau de fréquences (marges, cadres, bordure, etc.). Par contre, le bouton **T**ITLES sera expliqué en détail, car il permet de rendre le tableau plus compréhensible à la lecture. Cliquez sur le bouton **T**ITLES pour afficher la fenêtre suivante.

Fenêtre des titres du tableau de fréquences

Cette fenêtre permet de donner différents titres à votre tableau de fréquences. Ces titres seront affichés lors de l'exécution du tableau de fréquences. Il est possible de positionner les titres à différents endroits sur la page du tableau de fréquences. Par exemple, dans la section TITLE, tapez « Tableau de fréquences ». Pour ajouter une légende à votre tableau, tapez « Sexe par rapport à l'emploi » dans la section CAPTION. Une fois les titres saisis, cliquez sur le bouton CONTINUE pour revenir à la fenêtre précédente. Pour lancer l'exécution du tableau de fréquences, cliquez sur le bouton OK.

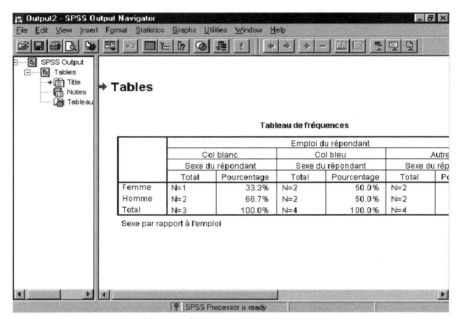

Fenêtre des résultats du tableau de fréquences

Afin de vérifier vos résultats, consultez les résultats ci-dessous.

Tableau des fréquences Sexe par rapport à l'emploi				
	Emploi du répondant			
	Col blanc		Col bleu	
	Sexe du répondant		Sexe du répondant	
	Total	Pourcentage	Total	Pourcentage
Femme	N=1	33,3 %	N=2	50,0 %
Homme	N=2	66,7 %	N=2	50,0 %
Total	N=3	100,0 %	N=4	100,0 %

Tableau des fréquences
Sexe par rapport à l'emploi *(suite)*

		Emploi du répondant	
		Autre	
		Sexe du répondant	
		Total	Pourcentage
Femme		N=2	50,0 %
Homme		N=2	50,0 %
Total		N=4	100,0 %

3.2.3. Calcul d'une moyenne conditionnée par plusieurs variables

Le troisième et dernier calcul consiste à calculer la moyenne d'une seule variable. La moyenne sera réalisée sur le salaire par rapport à chacun des types d'emploi et au sexe de la personne qui occupe l'emploi. Les variables utilisées sont le **salaire**, l'**emploi** et le **sexe**. Cliquez sur le menu **STATISTICS**, puis cliquez sur la commande **COMPARE MEANS**. Ensuite, sélectionnez la sous-commande **MEANS**. La fenêtre de définition suivante apparaît.

Fenêtre de définition de la moyenne

Étant donné que le calcul de la moyenne se fait sur le salaire du répondant, cliquez sur cette dernière variable et déplacez-la dans le rectangle de **DEPENDENT LIST**. La première variable indépendante est le sexe du répondant ; déplacez cette variable dans le rectangle **INDEPENDENT LIST**. Pour que les résultats soient regroupés d'une façon claire et lisible, il est nécessaire de créer au moins un niveau d'agrégation dans le rectangle **LAYER**. Cliquez sur le bouton **NEXT** ; par la suite, déplacez la seconde variable, c'est-à-dire celle de l'emploi dans le rectangle **INDEPENDENT LIST**. Une fois les variables définies aux bons endroits, cliquez sur le bouton **OPTIONS** pour accéder aux caractéristiques du calcul de la moyenne.

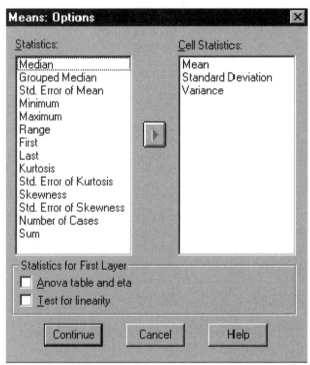

Fenêtre des statistiques supplémentaires du calcul de la moyenne

Comme dans les exemples précédents, il vous est possible d'ajouter de nouveaux calculs ou d'en supprimer. Les calculs sélectionnés sont ceux qui apparaissent dans la case **CELL STATISTICS** à droite de la boîte de dialogue. Pour notre exemple, assurez-vous de sélectionner les calculs « **MEAN** », « **STANDARD DEVIATION** » et « **VARIANCE** ». Cliquez sur le bouton **CONTINUE** pour revenir à la fenêtre précédente. Cliquez sur le bouton **OK** pour lancer l'exécution des calculs sélectionnés.

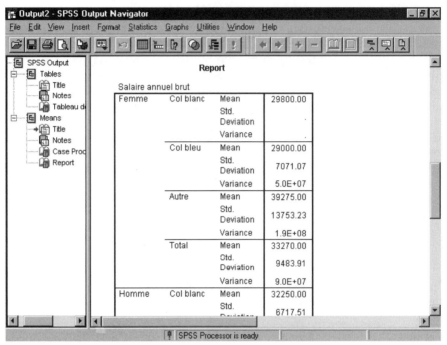

Résultats du calcul de la moyenne

Consultez les résultats suivants afin de valider vos résultats.

- – Description of Subpopulations – -
Summaries of   SALAIRE   Salaire annuel brut
By levels of   SEXE   Sexe du répondant
                      EMPLOI   Emploi du répondant

Variable	Value	Label	Mean	Std Dev	Variance
For Entire Population			30713,6364	7144,1616	51039045,5
SEXE	F	Femme	33270,0000	9483,9074	89944500,0
EMPLOI	1	Col blanc	29800,0000	,	,
EMPLOI	2	Col bleu	29000,0000	7071,0678	50000000,0
EMPLOI	3	Autre	39275,0000	13753,2269	189151250
SEXE	H	Homme	28583,3333	4259,3035	18141666,7
EMPLOI	1	Col blanc	32250,0000	6717,5144	45125000,0
EMPLOI	2	Col bleu	26500,0000	2121,3203	4500000,00
EMPLOI	3	Autre	27000,0000	707,1068	500000,000

Total Cases = 11

3.2.4. Enregistrement des résultats des calculs statistiques

Une fois tous les calculs statistiques réalisés, il est préférable de les enregistrer afin de pouvoir les consulter de nouveau. Le fichier qui est créé par *SPSS pour Windows* est un fichier de type ASCII, c'est-à-dire qu'il peut être récupéré, peu importe le logiciel de traitement de textes (*Word* ou *Wordperfect*, par exemple). Une fois le fichier dans un logiciel de traitement de textes, ce fichier peut être modifié. Par exemple, vous pouvez supprimer les statistiques inutiles, enlever ou ajouter des titres, afin d'améliorer la compréhension et l'interprétation des résultats.

Pour enregistrer les résultats, la fenêtre où ils apparaissent doit être active. Il suffit alors de cliquer sur le bouton permettant d'enregistrer les résultats ou d'exécuter l'option **SAVE AS** du menu **FILE**. Il ne vous reste qu'à sélectionner le bon lecteur ainsi que le bon répertoire. Cela fait, dans le rectangle **NOM** saisissez le nom que vous désirez donner à votre fichier. À titre d'exemple, donnez le nom de **SORTIE1.LST**. Pour lancer l'enregistrement du fichier, cliquez sur le bouton **ENREGISTRER**.

3.2.5. Impression des résultats des calculs statistiques

Les résultats peuvent être imprimés afin d'en vérifier l'exactitude. Il vous est facile d'imprimer la fenêtre des résultats. Lorsque cette fenêtre est active, cliquez sur le bouton d'impression ou exécutez l'option **PRINT** du menu **FILE**.

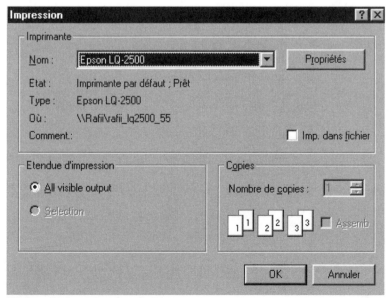

Fenêtre d'impression des résultats

Il vous est possible d'imprimer tous les résultats ou seulement une partie d'entre eux. En choisissant l'option **ALL VISIBLE OUTPUT**, tous les résultats seront imprimés. En choisissant **SELECTION**, seuls les éléments ayant été sélectionnés (encadrés en noir dans la feuille des résultats) seront imprimés. Pour imprimer plusieurs exemplaires des résultats, cliquez dans le rectangle **COPIES** et saisissez le nombre d'exemplaires désirés. Si votre ordinateur dispose de plusieurs imprimantes, cliquez sur la flèche du rectangle **NOM** pour sélectionner l'imprimante désirée. Pour lancer l'impression, cliquez sur le bouton **OK**.

3.3. Statistiques sous forme de graphiques

Avec la version Windows de *SPSS*, il vous est possible de créer des graphiques sous plusieurs formes. Dans ce guide, les graphiques en forme d'histogrammes, en lignes et en pointes de tarte seront expliqués. Ils sont très simples à créer et à personnaliser. Les graphiques présentés résultent de données fictives et ce guide ne vise pas à faire l'interprétation des graphiques. Tous les graphiques présentés dans cette section sont effectués à partir du menu **GRAPHS**. Lorsqu'un graphique est créé, une nouvelle fenêtre fait son apparition ; il s'agit de la fenêtre **SPSS OUTPUT NAVIGATOR**. C'est dans cette fenêtre que tous les graphiques créés sont stockés.

3.3.1. Création d'un graphique en forme d'histogramme

Le premier graphique, sous forme d'histogramme, enregistrera la scolarité des répondants. Sur l'axe « **X** », les différents niveaux de scolarité seront affichés, tandis que sur l'axe « **Y** » ce sera le nombre de répondants qui sera affiché. Pour créer ce graphique, exécutez l'option **BAR** du menu **GRAPHS**.

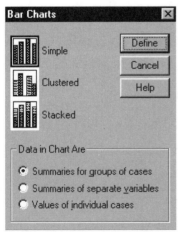

Fenêtre de création d'un histogramme

Cette fenêtre se divise en deux parties. La partie du haut permet de choisir le type d'histogramme, tandis que la partie du bas permet de sélectionner le type de regroupement d'observations ou de variables. En fonction du type de regroupement, la fenêtre de création du graphique varie quelque peu. Cliquez sur le type de graphique **SIMPLE**. Le type de regroupement des données est correct (**SUMMARIES FOR GROUPS OF CASES**). Pour passer à la définition du graphique, cliquez sur le bouton **DEFINE**.

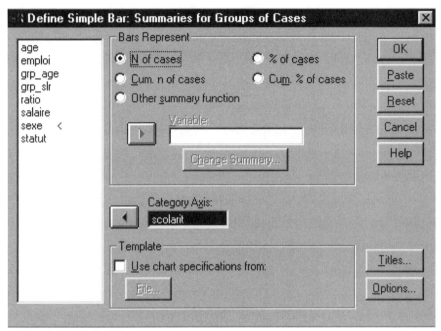

Définition des paramètres de l'histogramme

La fenêtre se divise en quatre grandes sections. La première section, à la gauche de la fenêtre, contient les variables disponibles. La deuxième section, en haut de la fenêtre, sert à définir la représentation des barres de l'histogramme. On utilise la troisième section, au centre de la fenêtre, pour sélectionner la variable qui sera représentée sur l'axe des «**X**». Finalement, la quatrième section, la partie en bas de la fenêtre, permet de définir des formats particuliers pour le graphique. Cette dernière section est très peu utilisée. Dans le coin inférieur droit, il y a deux boutons ; le premier, **TITLES**, permet de donner différents titres aux graphiques et aux axes. Le second, **OPTIONS**, permet de modifier certaines options reliées aux «missing values».

La première étape consiste à sélectionner le champ pour lequel le graphique sera effectué. Comme il a été mentionné au début de cette section, le graphique concerne la scolarité ; la variable est donc **scolarit**. Cliquez sur cette variable afin de la sélectionner, puis sur la flèche pointant vers la droite du rectangle **CATEGORY AXIS**. Étant donné que le graphique affiche le nombre de répondants pour chacune des catégories de scolarité, il n'est pas nécessaire de modifier l'option déjà sélectionnée de **Bars Represent**, c'est-à-dire **N OF CASES**. Cliquez sur le bouton **TITLES** afin de donner des titres au graphique.

Définition des titres du graphique

Vous disposez de cinq lignes pour les titres. Les trois premières sont placées en haut (deux lignes pour **TITLE** et une ligne pour **SUBTITLE**) du graphique, tandis que les deux dernières se trouvent en bas (**FOOTNOTE**). Tapez les titres suivants :

Titre du graphique
> **LINE 1** :   Représentation de la scolarité
> **LINE 2** :   de la population

Sous-titre du graphique
> **SUBTITLE** : pour 1995

Pied du graphique
> **LINE 1** :   Tous droits réservés
> **LINE 2** :   UQAM

Une fois les titres saisis, cliquez sur le bouton **CONTINUE** pour revenir à la fenêtre de définition du graphique. Pour lancer la création du graphique, cliquez sur le bouton **OK**.

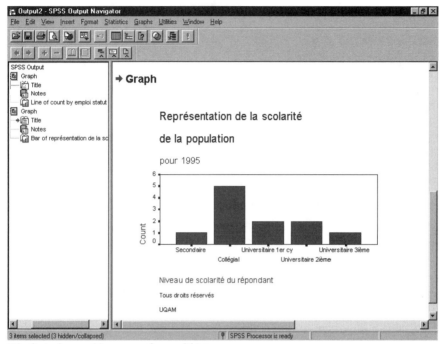

Résultats du graphique sous forme d'histogramme

Le graphique correspond bien aux données ainsi qu'aux spécifications demandées. Si vous observez bien l'écran, les menus ont été modifiés, ainsi que la barre des boutons de commande. Ces deux derniers éléments permettent de traiter les graphiques plus agréablement, car la modification des graphiques est une tâche longue et complexe. Si vous désirez tenter l'expérience, placez le curseur sur le graphique, cliquez le bouton droit de la souris. Un menu s'offre à vous et vous n'avez qu'à sélectionner **SPSS CHART OBJECT**, puis **OPTIONS**. Le graphique apparaît maintenant dans la fenêtre **SPSS CHART EDITOR**. Vous pouvez maintenant y apporter les modifications nécessaires. Nous n'approfondirons pas davantage ce sujet, dont traitent plusieurs livres de référence. Pour retourner au tableau de données, réduisez la fenêtre en cliquant sur ▬ en haut, à la droite de l'écran.

3.3.2. Création d'un graphique en forme de lignes

La création du graphique en forme de lignes se fait de la même manière que celle du graphique en forme d'histogramme. Le graphique créé ici montrera la relation entre l'emploi et la statut social du répondant. Pour créer ce graphique, exécutez l'option **LINE** du menu **GRAPHS**.

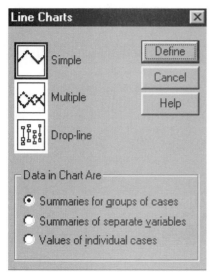

Fenêtre de création d'un graphique en lignes

La fenêtre ci-dessus est semblable à celle déjà décrite dans la section précédente. Reportez-vous à cette section pour de plus amples détails. Ce graphique utilise deux variables, soit : **scolarit** et **emploi**. Cela vous oblige à utiliser le graphique **Multiple**. Cliquez sur ce dernier pour le sélectionner, puis sur le bouton **DEFINE** pour définir le graphique.

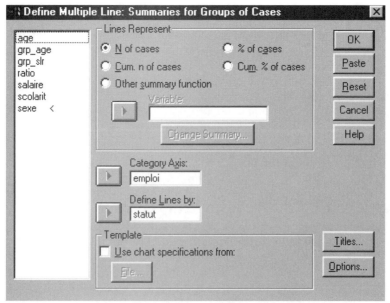

Définition des paramètres du graphique en lignes

La fenêtre de définition est exactement la même que celle du graphique en forme d'histogramme. La seule exception apparaît dans le centre de l'écran, où un endroit est réservé pour la définition de la variable qui sera représentée par des lignes. Pour de plus amples renseignements concernant cette fenêtre, consultez la section précédente.

Sur l'axe des « **X** », la variable de l'emploi sera utilisée, tandis que sur l'axe des « **Y** » c'est la variable du statut social qui sera représentée. Déplacez la variable **emploi** dans le rectangle **CATEGORY AXIS** et la variable **statut** dans le rectangle **DEFINE LINES BY**. On ne donnera pas de titre à ce graphique, afin de lui laisser plus d'espace. Une fois la définition terminée, cliquez sur le bouton **OK** pour lancer la création du graphique.

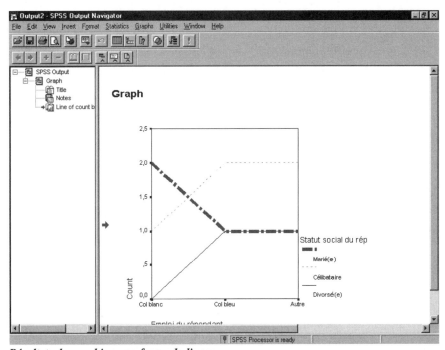

Résultats du graphique en forme de lignes

Le graphique présenté ici est un peu différent de celui que vous devriez avoir obtenu. La raison en est fort simple : le graphique en forme de lignes utilise des couleurs différentes pour chacune des lignes. Étant donné que ce document est imprimé en noir et blanc, vous n'auriez pas été en mesure de voir les différentes lignes. Le graphique a donc été retouché dans l'éditeur de graphiques. Pour retourner au tableau de données, réduisez la fenêtre en cliquant sur ▬ en haut, à la droite de l'écran.

3.3.3. Création d'un graphique en forme de pointes de tarte

Les graphiques en pointes de tarte sont très répandus, car ils représentent la proportion de chacune des modalités d'une variable. Dans l'exemple qui suit, la représentation de chacun des niveaux de scolarité des répondants sera affichée en forme de tarte. Chaque niveau correspond à une pointe. Pour créer ce graphique, exécutez l'option PIE du menu GRAPHS.

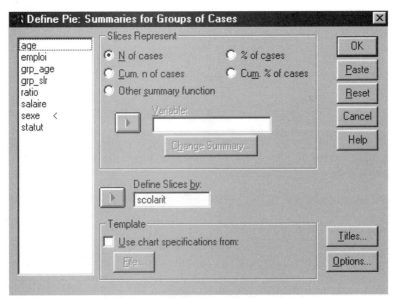

Fenêtre de création d'un graphique en pointes de tarte

La fenêtre de sélection est différente des deux autres types de graphiques (histogramme et lignes). Dans la « tarte », il existe trois possibilités de regroupement des données. Pour la création du graphique dont on a besoin, l'option SUMMARIES FOR GROUP OF CASES doit être sélectionnée. Pour lancer la définition du graphique, cliquez sur le bouton DEFINE.

Définition des paramètres du graphique en pointes de tarte

La fenêtre de définition est semblable à celle des graphiques précédents (histogramme et lignes) ; seuls les termes ont changé pour « **Slices** ». Reportez-vous aux sections correspondantes pour de plus amples détails concernant la fenêtre de définition du graphique. Étant donné que le graphique doit afficher la représentation du niveau de scolarité des répondants, déplacez la variable **scolarit** dans le rectangle DEFINE SLICES BY. Pour avoir un regroupement des données en pourcentage, sélectionnez l'option **% OF CASES** du rectangle **Slices Represent**. Ce graphique ne porte aucun titre. Une fois la définition terminée, cliquez sur le bouton **OK** pour lancer la création du graphique.

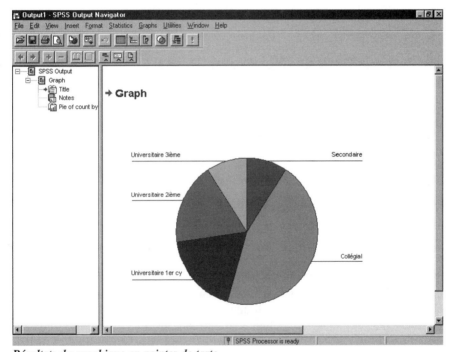

Résultats du graphique en pointes de tarte

3.3.4. Enregistrement des graphiques

Lorsque les graphiques sont terminés, il est préférable de les enregistrer sur une disquette ou sur le disque rigide de l'ordinateur. Pour ce faire, la fenêtre **SPSS OUTPUT NAVIGATOR** doit être active. Pour enregistrer les graphiques à l'écran, cliquez sur le bouton permettant d'enregistrer un graphique ou exécutez l'option SAVE AS du menu FILE.

Fenêtre permettant d'enregistrer un graphique

Il ne vous reste qu'à sélectionner le bon lecteur ainsi que le bon répertoire. Une fois cette opération terminée, dans le rectangle **NOM** saisissez le nom que vous désirez donner à votre graphique, puis cliquez sur le bouton **ENREGISTER** pour lancer l'enregistrement du graphique.

3.3.5. Impression des graphiques

Avec *SPSS pour Windows*, il vous est possible d'imprimer les graphiques de la fenêtre **SPSS OUTPUT NAVIGATOR** : le graphique courant (celui affiché à l'écran) ou tous les graphiques de cette fenêtre. Il est important de noter que la fenêtre contenant les graphiques doit être active pour que l'impression des graphiques puisse avoir lieu. Cliquez sur le bouton d'impression ou exécutez l'option **PRINT** du menu **FILE**.

La fenêtre d'impression des graphiques se divise en trois sections. La première section, **IMPRIMANTE**, permet de sélectionner une imprimante quelconque. La deuxième section, **ÉTENDUE D'IMPRESSION**, permet de choisir si l'on désire l'ensemble des graphiques ou seulement les sélections. Finalement, dans la section **COPIES**, on saisit le nombre d'exemplaires désirés pour l'impression. Lorsque tous les paramètres d'impression sont exacts, il faut cliquer sur le bouton **OK** pour lancer l'impression.

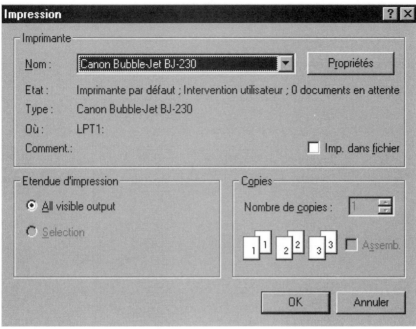

Fenêtre d'impression des graphiques

3.4.   Quitter *SPSS pour Windows*

Lorsque votre travail est terminé et que vous voulez quitter *SPSS pour Windows*, exécutez l'option Exɪᴛ SPSS du menu Fɪʟᴇ.

4

Liste hiérarchique des menus

4.1. Menu File

New ▶	
Open...	Ctrl+O
Database Capture ...	
Read ASCII Data ▶	
Save	Ctrl+S
Save As...	
Display Data Info...	
Apply Data Dictionary...	
Print...	Ctrl+P
Stop SPSS Processor	Ctrl+Alt+P
1 A:\Donnees.sav	
Exit SPSS	

4.1.1.   Options de New

Data
Syntax
Output
Script

4.2. Menu Edit

Undo	Ctrl+Z
Cut	Ctrl+X
Copy	Ctrl+C
Paste	Ctrl+V
Clear	Del
Find...	Ctrl+F
Options...	

4.3. Menu Data

Define Variable...
Define Dates...
Templates...
Insert Variable
Insert Case
Go to Case...

Sort Cases...
Transpose...
Merge Files   ▶
Aggregate...
Orthogonal Design   ▶

Split File...
Select Cases...
Weight Cases...

4.3.1.   Options de Merge Files

Add Cases...
Add Variables...

4.3.2.   Options de Orthogonal Design

Generate...
Display...

4.4. Menu Transform

Compute...
Random Number Seed...
Count...
Recode   ▶
Rank Cases...
Automatic Recode...
Create Time Series...
Replace Missing Values...

Run Pending Transforms

4.4.1.   Options de Recode

Into Same Variables...
Into Different Variables...

4.5. Menu Statistics

Summarize   ▶
Custom Tables   ▶
Compare Means   ▶
General Linear Model   ▶
Correlate   ▶
Regression   ▶
Loglinear   ▶
Classify   ▶
Data Reduction   ▶
Scale   ▶
Nonparametric Tests   ▶
Time Series   ▶
Survival   ▶
Multiple Response   ▶

4.5.1.   Options de Summarize

Frequencies...
Descriptives...
Explore...
Crosstabs...

Case Summaries...
Report Summaries in Rows...
Report Summaries in Columns...

4.5.1.1. Choix de Frequencies

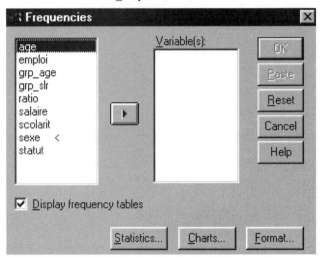

4.5.1.2. Choix de Descriptives

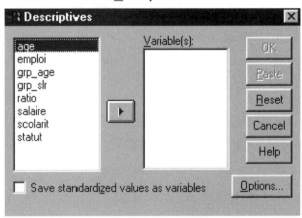

4.5.1.3. Choix de Explore

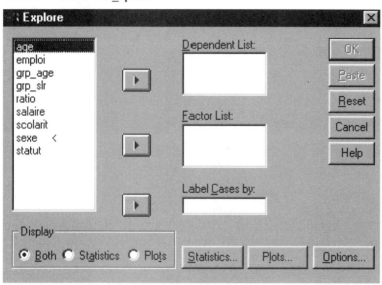

4.5.1.4. Choix de Crosstabs

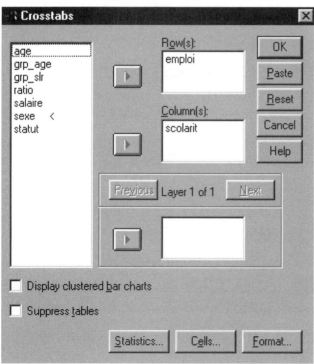

4.5.1.5.   Choix de Case Summaries

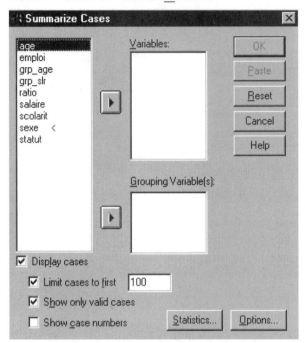

4.5.1.6.   Choix de Report Summaries in Rows

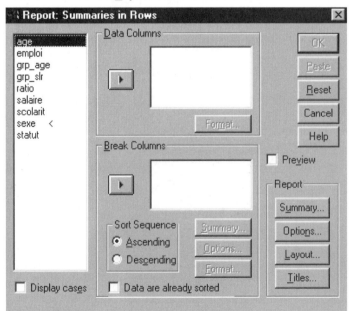

4.5.1.7. Choix de Report Summaries in Columns

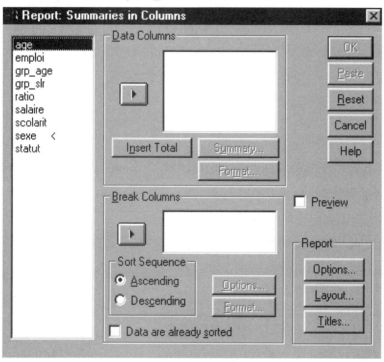

4.5.2. Options de Custom Tables

Basic Tables...
General Tables...
Tables of Frequencies...

4.5.2.1. Choix de Basic Tables

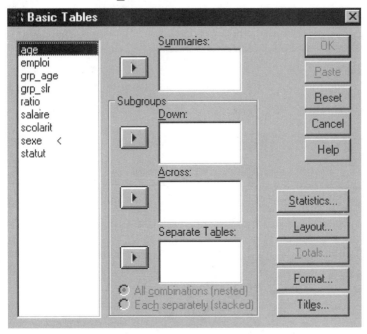

4.5.2.2. Choix de General Tables

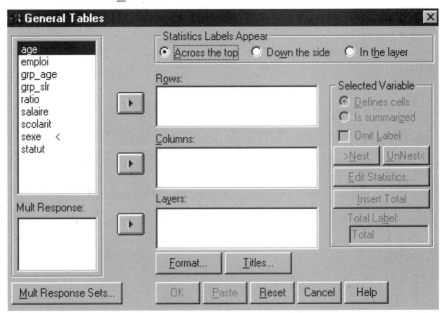

4.5.2.3. Choix de Table of Frequencies

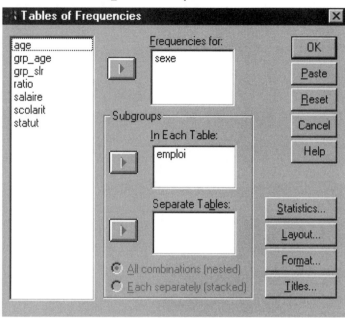

4.5.3. Options de Compare Means

Means...
One-Sample T Test...
Independent-Samples T Test...
Paired-Samples T Test...
One-Way ANOVA...

4.5.3.1. Choix de Means

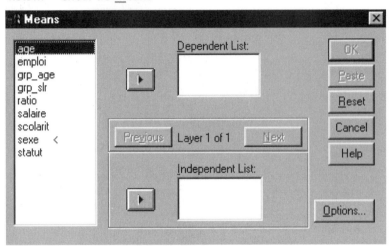

4.5.3.2. Choix de One-Sample T Test

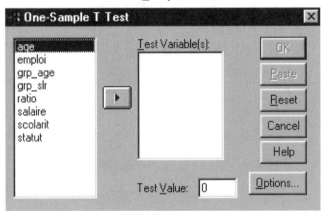

4.5.3.3. Choix de Independent-Samples T Test

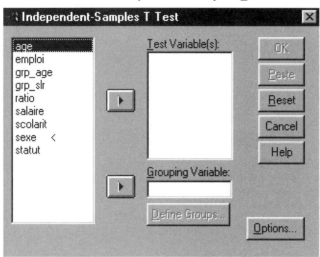

4.5.3.4. Choix de Paired-Samples T Test

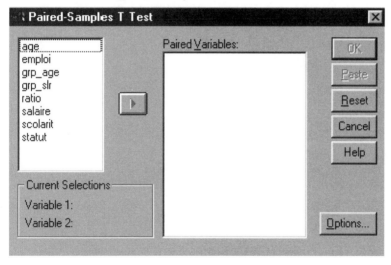

4.5.3.5. Choix de One-Way ANOVA

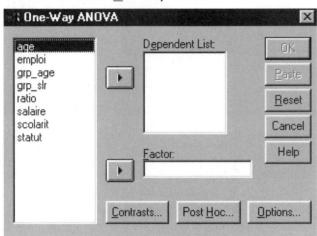

4.5.4. Options de General Linear Model

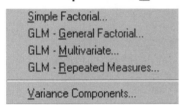

4.5.4.1. Choix de Simple Factorial

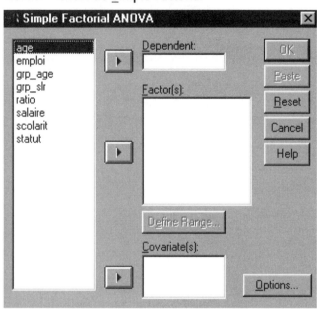

4.5.4.2. Choix de General Factorial

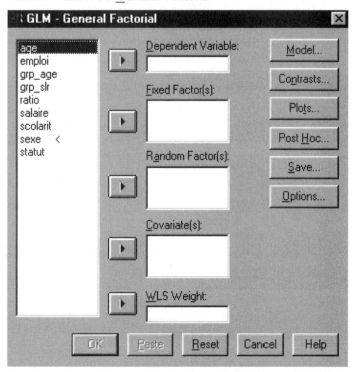

4.5.4.3. Choix de Multivariate

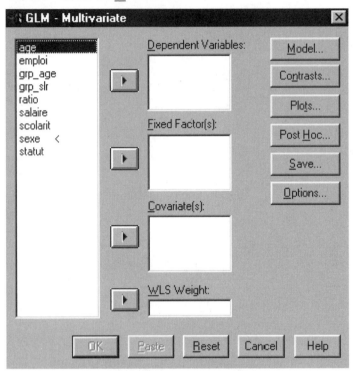

4.5.4.4. Choix de Repeated Measures

4.5.5. Options de Correlate

4.5.5.1. Choix de Bivariate

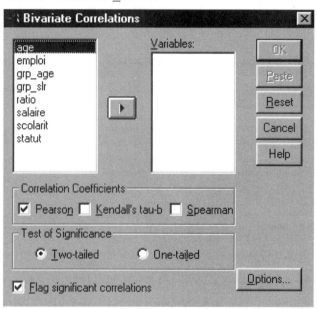

4.5.5.2. Choix de Partial

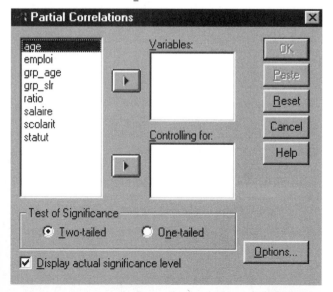

4.5.5.3.   Choix de Distances

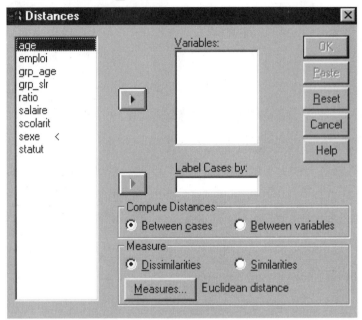

4.5.6.   Options de Regression

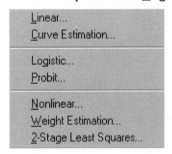

4.5.6.1. Choix de Linear

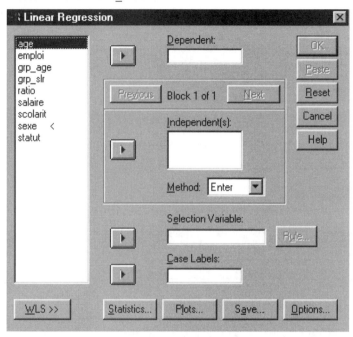

4.5.6.2. Choix de Curve Estimation

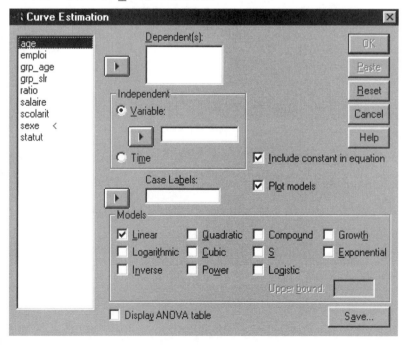

4.5.6.3. Choix de Logistic

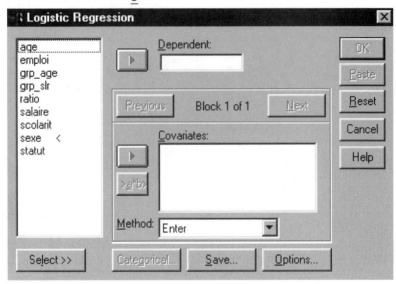

4.5.6.4. Choix de Probit

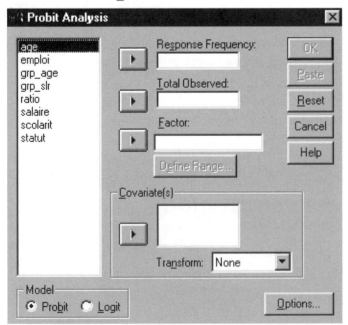

4.5.6.5. Choix de <u>N</u>onlinear

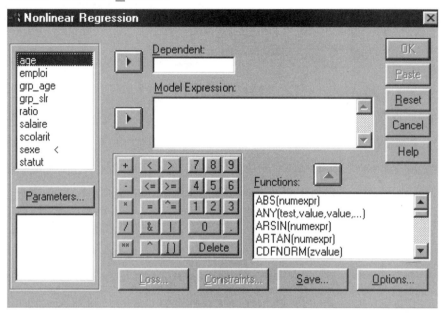

4.5.6.6. Choix de <u>W</u>eight Estimation

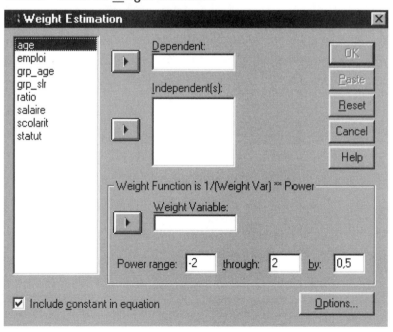

4.5.6.7. Choix de 2-Stage Least Squares

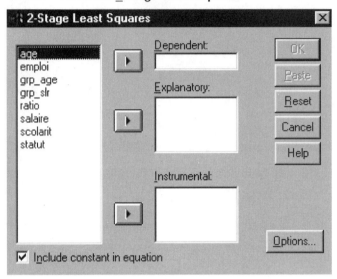

4.5.7. Options de Loglinear

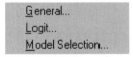

4.5.7.1.   Choix de General

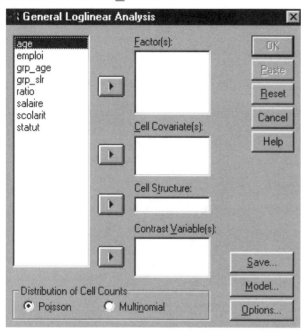

4.5.7.2.   Choix de Logit

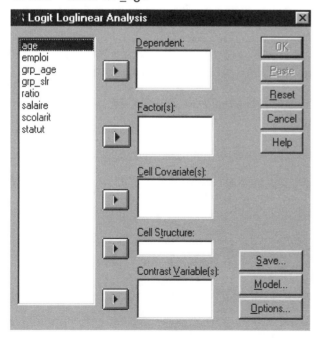

4.5.7.3. Choix de Model Selection

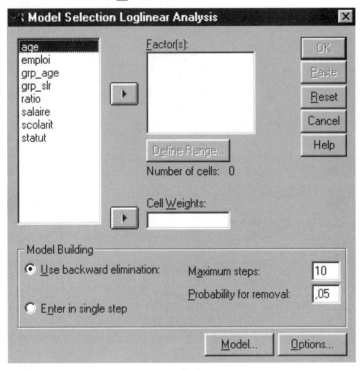

4.5.8. Options de Classify

K-Means Cluster...
Hierarchical Cluster...
Discriminant...

4.5.8.1. Choix de K-Means Cluster

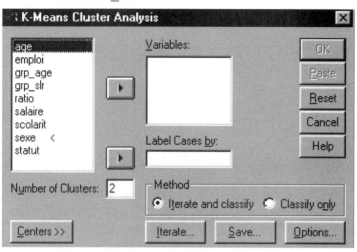

4.5.8.2. Choix de Hierarchical Cluster

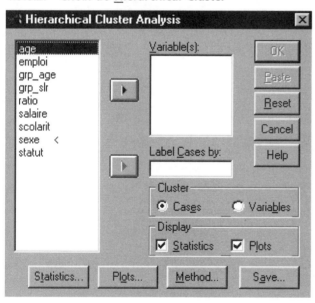

4.5.8.3. Choix de Discriminant

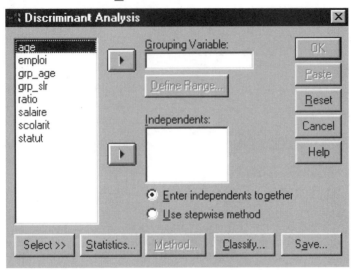

4.5.9. Options de Data Reduction

Factor...
Correspondence Analysis...
Optimal Scaling...

4.5.9.1. Choix de Factor

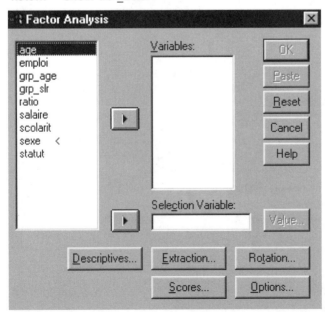

4.5.9.2. Choix de Correspondence Analysis

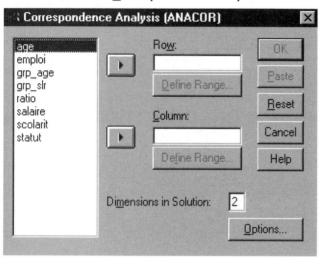

4.5.9.3. Choix de Optimal Scaling

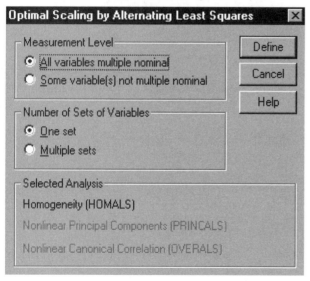

4.5.10. Options de Scale

Reliability Analysis...
Multidimensional Scaling...

4.5.10.1. Choix de Reliability Analysis

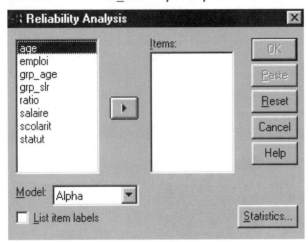

4.5.10.2. Choix de Multidimensional Scaling

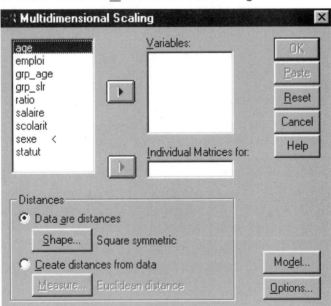

4.5.11. Options de Nonparametric Tests

Chi-Square...
Binomial...
Runs...
1-Sample K-S...
2 Independent Samples...
K Independent Samples...
2 Related Samples...
K Related Samples...

4.5.11.1. Choix de Chi-Square

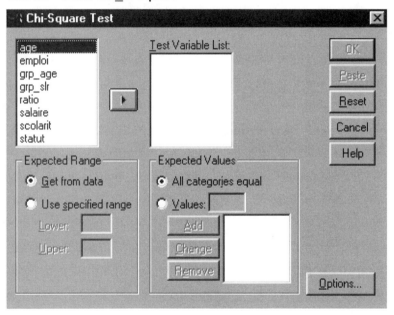

4.5.11.2. Choix de Binomial

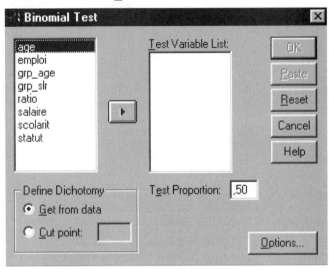

4.5.11.3. Choix de Runs

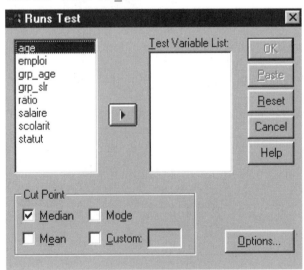

4.5.11.4. Choix de 1-Sample K-S

4.5.11.5. Choix de 2 Independent Samples

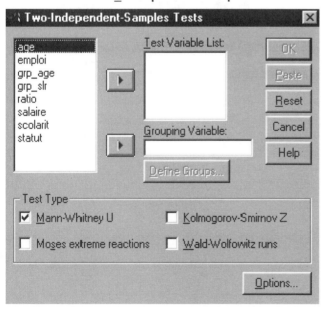

4.5.11.6. Choix de K Independent Samples

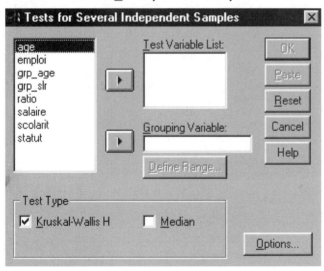

4.5.11.7. Choix de 2 Related Samples

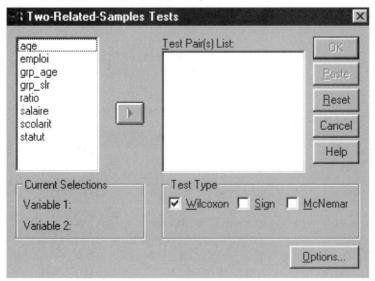

4.5.11.8. Choix de K Related Samples

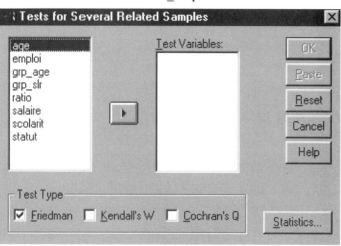

4.5.12. Options de Time Series

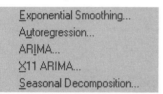

4.5.12.1. Choix de Exponential Smoothing

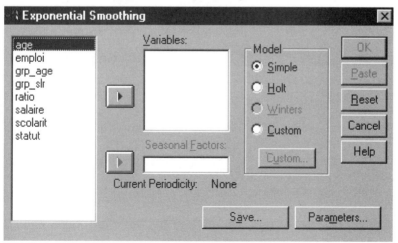

4.5.12.2. Choix de Autoregression

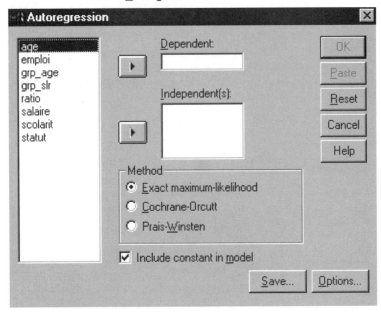

4.5.12.3. Choix de ARIMA

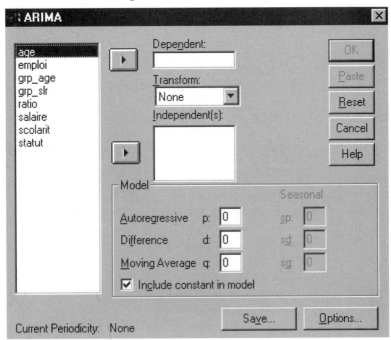

4.5.13. Options de Survival

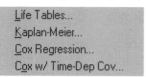

4.5.13.1. Choix de Life Tables

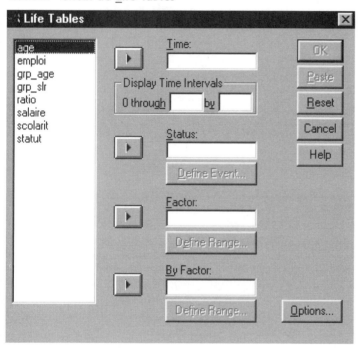

4.5.13.2. Choix de Kaplan-Meier

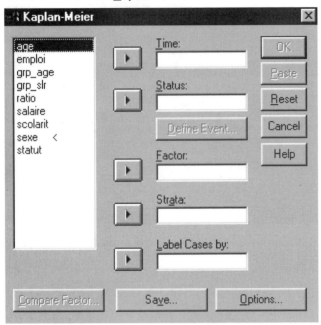

4.5.13.3. Choix de Cox Regression

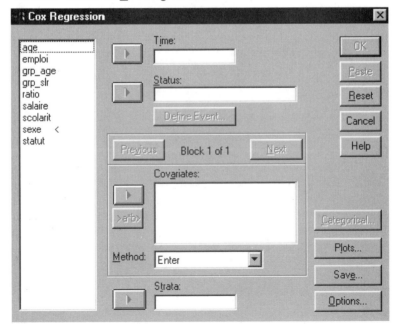

4.5.13.4. Choix de Cox w/ Time-Dep Cov

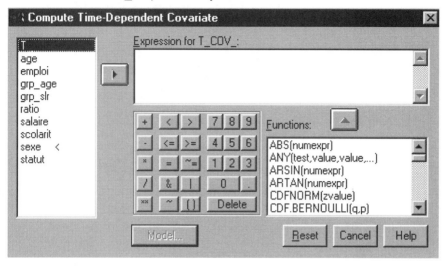

4.5.14. Options de Multiple Response

4.5.14.1. Choix de Define Sets

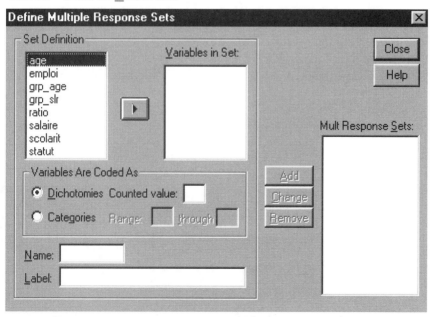

4.5.14.2. Choix de Frequencies

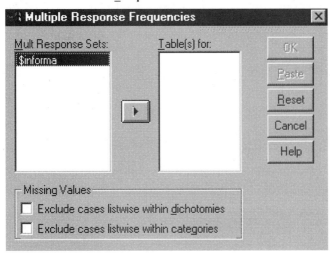

4.5.14.3. Choix de Crosstabs

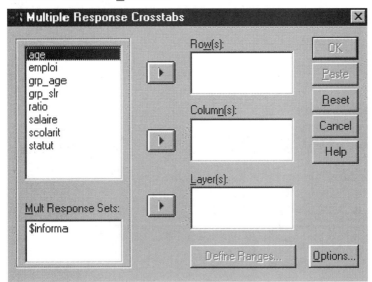

4.6. Menu Graphs

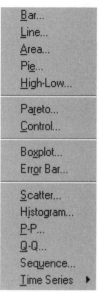

4.6.1. Options de Time Series

4.7. Menu Utilities

4.8. Menu Help

Topics
Tutorial
SPSS Home Page
Statistics Coach
About SPSS...